Dorothee Braun/Judith Schmischke
Kinder individuell fördern

LEHRER-BÜCHEREI
GRUNDSCHULE

Herausgeber

Reinhold Christiani, Diplom-Pädagoge, war Leitender Ministerialrat im Ministerium für Schule, Jugend und Kinder des Landes Nordrhein-Westfalen. Er ist Lehrbeauftragter an der Universität Bielefeld.

Dr. Klaus Metzger ist Regierungsschulrat, Seminarbeauftragter und zuständig für die zweite Phase der Lehrerausbildung für Grund- und Hauptschulen im Regierungsbezirk Schwaben/Bayern.

Die Autorinnen: Dorothee Braun und Judith Schmischke sind Lehrerinnen an Förderschulen und Fachleiterinnen am Studienseminar für das Lehramt der Sonderpädagogik in Köln.

Dorothee Braun/Judith Schmischke

Kinder individuell fördern

Lernwege gestalten
Förderdiagnostik, Förderpläne, Förderkonzepte
Für die Klassen 1 bis 4

Bitte vergrößern Sie die Kopiervorlagen mit 141%. Sie erhalten dann eine DIN-A4-Seite.

www.cornelsen.de

Bibliografische Information: Die Deutsche Bibliothek verzeichnet diese Publikation in der Deutschen Nationalbibliografie; detaillierte bibliografische Daten sind im Internet über http://dnb.ddb.de abrufbar.

Dieser Band folgt den Regeln der deutschen Rechtschreibung, die seit August 2006 gelten.

5.   4.   3.   2.   1.   Die letzten Ziffern bezeichnen
12   11   10   09   08   Zahl und Jahr der Auflage.

© 2008 Cornelsen Verlag Scriptor GmbH & Co. KG, Berlin
Das Werk und seine Teile sind urheberrechtlich geschützt. Jede Nutzung in anderen als den gesetzlich zugelassenen Fällen bedarf deshalb der vorherigen schriftlichen Einwilligung des Verlags.
Hinweis zu den §§ 46, 52a UrhG: Weder das Werk noch seine Teile dürfen ohne eine solche Einwilligung eingescannt und in ein Netzwerk eingestellt oder sonst öffentlich zugänglich gemacht werden.
Dies gilt auch für Intranets von Schulen und sonstigen Bildungseinrichtungen.
Redaktion: Gabriele Teubner-Nicolai, Berlin
Umschlaggestaltung: Claudia Adam, Darmstadt
Umschlagfoto: Kunterbunt, Heidi Velten
Illustrationen: Mone Schliephack, Niedernhausen
Layout und Satz: Julia Walch, Bad Soden
Druck und Bindearbeiten: Druck Partner Rübelmann GmbH, Hemsbach
Printed in Germany
ISBN 978-3-589-05127-4

 Gedruckt auf säurefreiem Papier,
umweltschonend hergestellt aus chlorfrei gebleichten Faserstoffen.

Inhalt

Vorwort 8

1 Individuelles Lernen 11
1.1 **Aspekte des Lernens** 12
   Lernen als existentielle Aufgabe
   Lernen als aktives Tun
   Lernen als typische Hirnaktivität
   Lernen als Konstruktion von Bedeutung
   Lernen als Einheit von Denken und Fühlen
   Lernen als Prozess des Behaltens und Erinnerns
1.2 **Lernen unterstützen** 22
   Denkanstöße für eine veränderte Lernkultur
   Reflexionsbogen für die Unterrichts- und Förderplanung
1.3 **Lernschwierigkeiten** 25

2 Verständnis von Fördern 30
2.1 **Grundhaltung und Handwerkszeug** 31
2.2 **Dialog zwischen allen Verantwortlichen** 32
2.3 **Entwicklungs- und fachbezogenes Lernen** 34
   Sensomotorik
   Kognition
   Sprache
   Emotionalität
   Sozialverhalten
   Folgerungen für die Praxis
2.4 **Übersicht über die Entwicklungsbereiche** 40

3 Förderdiagnostik 41
3.1 **Förderdiagnostik als Lernprozessdiagnostik** 42
   Der Wert des Fehlers
   Die Perspektive des Kindes
3.2 **Ganzheitliche und kompetenzorientierte** 46
   Förderdiagnostik

4 Vorgehensweise der Förderdiagnostik 48
4.1 **Beobachtung als Instrument** 48
Beobachtungsfehler
4.2 **Effektive Lernprozessbeobachtungen** 51
Zielgerichtet
Differenziert
Sachlich
Methodisch
4.3 **Die strukturierte Beobachtung** 53
4.4 **Die halbstrukturierte Beobachtung** 54
4.5 **Beschreibung eines Lernprozesses** 58
4.6 **Beispiele für Beobachtungsfragen** 60
Zur Leseentwicklung
Zum Verhalten
Zur sozialen Entwicklung
Zur sensomotorischen Entwicklung
4.7 **Einbettung in eine Unterrichtssituation – Ideen** 78
4.8 **Kinder beobachten den eigenen Lernprozess** 84

5 Einen Förderplan erstellen 90
5.1 **Qualitätsmerkmale** 93
5.2 **Beispiele** 94
Allgemeiner Förderplan
Förderplan Lesen

6 Förderung umsetzen 100
6.1 **Organisation** 100
6.2 **Förder- und Unterstützungsangebote** 102
Umsetzung im Unterricht
Ideenpool für die Entwicklungsbereiche

7 Die Eltern als Lernpartner 109
7.1 **Akzeptieren — Fordern und Fördern** 110
7.2 **Vereinbarungen für häusliche Förderung** 110

8 An der Schule ein eigenes Förderkonzept erstellen 115

8.1 Eckpunkte 117

8.2 Abstimmung 118
Anregung für eine Leitidee
Sachstrukturen
Förderplanarbeit evaluieren
Inhalt
Organisation
Kooperation

Literatur 126

Vorwort

Individuelle Förderung ist zurzeit eines der zentralen Themen in der Pädagogik und auch eine der zentralen Forderungen in der Bildungspolitik. Die an diesen programmatischen Begriff geknüpften Erwartungen sind vielfältig. Fast gewinnt man den Eindruck, dass damit Lösungen für die unterschiedlichsten Probleme im Bildungsbereich beschworen werden sollen. Eine derartige „Heilserwartung" führt jedoch nicht weiter, da die Gefahr besteht, dass unter einem neuen Etikett alles beim Alten bleibt. Um notwendige Veränderungen in unserer Lernkultur und auch in unserem Bildungssystem zu bewirken, bedarf es daher einer genauen Klärung dessen, was unter individueller Förderung zu verstehen ist, was sie leisten soll (sowohl als Vision als auch in der realen Umsetzung) und wo (noch) Grenzen sind.

Wir schlagen hier eine erste visionäre Begriffsbestimmung vor:

> Individuelle Förderung strebt die bestmögliche Gestaltung von Lernprozessen an, damit Kinder und Heranwachsende sich in ihrer Gesamtpersönlichkeit optimal weiterentwickeln und sie zur Teilhabe an einer sich wandelnden Wissens- und Bildungsgesellschaft besser vorbereitet werden. Dies gilt für alle Schülerinnen und Schüler – unabhängig davon, ob sie sich im unteren oder oberen Leistungsbereich befinden oder im breiten Spektrum dazwischen. Damit beinhaltet die Forderung nach individueller Förderung zugleich die Forderung nach Ganzheitlichkeit und Chancengleichheit. Betrachtet man Fördern als reines Kompensationsgeschehen – sozusagen als Nachhilfegeschäft für Problemfälle –, wird man diesem Postulat nicht gerecht.

Visionen lassen sich naturgemäß leichter aushandeln und konsensfähiger bestimmen als konkrete Umsetzungsvereinbarungen. Denn bei Letzterem bleibt zu klären, wer was und wie macht und welche Ressourcen dabei garantiert sein müssen. Im Sinne von Nachhaltigkeit sind aber gerade diese Aspekte so wesentlich. Eine erste Konkretisierung der Ebene kann so aussehen:

> Individuelle Förderung strebt an, eine größtmögliche Übereinstimmung zwischen den Lernpotentialen eines Kindes und den Bedingungen, die es zur Ausschöpfung braucht, herzustellen. Dabei bezieht sich Lernen nicht nur auf fachliche Inhalte wie Sprache, Mathematik, Sachunterricht, sondern auch auf solche Entwicklungsbereiche wie Kognition, Sensomotorik, Sprache, Sozialverhalten und Emotionalität.
> Kurz gesagt: Fördern heißt, fachliches und entwicklungsbezogenes Lernen ermöglichen.

Ein Kind kommt zur Schule und erfährt im Fach Deutsch, welche Buchstaben es gibt, wie man Buchstaben zu Silben und Wörtern verbindet, in Mathematik wie viel 2 + 3 ist (fachbezogenes Lernen). Gleichzeitig lernt es aber auch etwas darüber, wie das Zusammenleben in einer Klassengemeinschaft funktioniert, welche Verhaltensregeln es gibt und wie persönlichkeitsstärkend es ist, lesen zu lernen (entwicklungsbezogenes Lernen).

Dies geschieht zunächst einmal im regulären Unterrichtsgeschehen. Wenn ein Kind jedoch überfordert oder unterfordert ist, wenn es offensichtlich hinter seinen Möglichkeiten zurückbleibt bzw. es sich nicht weiterentwickelt, muss man die Lernvoraussetzungen **einer sehr differenzierten Betrachtung** unterziehen, muss man nach anderen Formen der Vermittlung sowie der Organisation suchen und muss man das Lernen selbst verstärkt betrachten. Alles das sind Aspekte von individueller Förderung. Damit dies nachhaltig und fachlich fundiert geschieht, sind Veränderungen in der Lernkultur, in der Schulentwicklung und auch insgesamt in unserem Bildungssystem nötig.

Unser Anliegen ist es, Beiträge zur notwendigen Konkretisierung zu liefern und dabei folgende Fragen zu beantworten:
- Was ist unter individueller Förderung angesichts eines heute gültigen Lernbegriffes zu verstehen (Verständnis von Fördern)?
- Wie kann man individuelle Lernprozesse systematisch in den Blick nehmen und deuten (Diagnose)?
- Wie lassen sich individuelle Lernwege aufzeigen und begleiten (Förderplanung)?
- Wie können diese individuellen Förderanliegen in eine gruppenbezogene Förderung münden (Organisation der Förderung)?

- Wie können sich Schulen auf den Weg machen, konsensfähige Konzepte zu entwickeln, die sich dieser Aufgabe über die Klassenebene hinaus annehmen (Förderkonzept als Aufgabe der Schulentwicklung)?
- Wie kann dies realisiert werden, ohne eine unvertretbare Zusatzbelastung zu schaffen und ohne dass man „vor lauter Bäumen den Wald nicht mehr sieht" und am Ende frustriert aufgibt (Effektivität und Ökonomie)?
- Wo sind Grenzen zu ziehen, weil Möglichkeiten erschöpft sind? Wie ist damit umzugehen (Abgrenzung zu sonderpädagogischem Förderbedarf)?

1 Individuelles Lernen

Fördern und Lernen hängen unmittelbar zusammen. Denkt man die anfangs skizzierte Begriffsbestimmung von Fördern zu Ende, so ist in letzter Konsequenz festzustellen, dass sich beide Begriffe gar nicht trennen lassen. Ein Verständnis von individueller Förderung setzt demnach eine Klärung des zugrunde gelegten Lernbegriffes voraus.

Die Vielzahl der Dinge, die ein Kind in den ersten Lebensjahren geradezu mühelos lernt, ist immens: Gesichter und Stimmen zu unterscheiden, Wörter als Bezeichnungen für Dinge zu verstehen und auch auszusprechen, sich aufzurichten und zunehmend die Balance zu halten, zu laufen usw. Die Liste lässt sich beliebig erweitern oder spezifizieren. In der Regel wird dieses Lernen als implizites Lernen bezeichnet, denn auch wenn Erwachsene die Lernwege unterstützen und begleiten, oftmals auch instruieren, geschieht dies nicht nach einem bestimmten Fächerkanon und einem Lehrplan.

Das ändert sich bei Schuleintritt. Hier gibt es Vorgaben, was gelernt werden soll und (in einem geringeren Ausmaß vorgeschrieben) wie das geschehen soll; d.h., es handelt sich um institutionalisiertes – in der Regel explizites Lernen. Dabei kann es jedoch zu einem Trugschluss kommen: Denn wenn man institutionell festlegt, was gelernt werden soll, dann muss auch es auch jemanden geben, der diese Dinge vermittelt, der also „lehrt". Unter anderem hat man daraus lange Zeit abgeleitet, dass „lernen" und „belehrt werden" zusammengehören. Dies äußerte sich in einem Lernbegriff, der überspitzt so aussah: Man muss das Wissen und Können in die Köpfe der Kinder nur kindgerecht hineingeben – sozusagen mit einem Trichter einfüllen –, dann können die Kinder anschließend darüber verfügen. Diejenigen, die das nicht können, gelten entweder als lernschwach oder unaufmerksam oder unmotiviert usw. Zum heutigen Verständnis von Lernen passt dieses Bild allerdings nicht mehr. Heute besteht Einigkeit darüber, dass Lernen ein individuelles, aktives und sinnstiftendes Geschehen ist und kein passives Aufnehmen von Informationen, das allein durch Lehren bewirkt wird.

1.1 Aspekte des Lernens

Lernen als existentielle Aufgabe

Lenen geschieht nicht als Selbstzweck, sondern hat vielfältige Funktionen: „Lernen ist ein Sammelbegriff für eine Vielzahl von Prozessen, die im zentralen Nervensystem ablaufen und es Lebewesen ermöglichen, die in ihrem jeweiligen Lebensumfeld gestellten Anforderungen zunehmend besser zu bewältigen" (STERN 2006, 45). Damit ist das Hauptmotiv für Lernen genannt: Menschen lernen, was sie für ihr individuelles Leben brauchen. Dieses Motiv enthält verschiedene existentielle Aspekte: Ich lerne zum Bespiel:

- weil mich etwas in einer gegenwärtigen Situation betrifft, weil ich etwas Bestimmtes erfahre. Das kann eine Vielzahl von Dingen sein: wenn ich spiele, wenn ich etwas zu feiern habe, wenn mich etwas herausfordert und fasziniert, wenn mir etwas Spaß macht, wenn ich neugierig bin. Ich möchte mich mit diesen Dingen weiterbringen, ich möchte mehr erfahren, ich möchte mich verbessern.
- weil ich meine Lebenswelt und die damit verbundenen Anforderungen so einschätze, dass ich etwas noch nicht kann, aber können sollte. Dies umfasst auch die Lebensperspektive, die ich für mich entwickle.
- weil ich mich an bestimmten Menschen orientiere, von denen ich annehme, dass mein Leben so ähnlich sein wird. Dies beinhaltet auch, dass mir Fähigkeiten und Fertigkeiten von Menschen imponieren, dass diese also meine Vorbilder sind (vgl. BEGEMANN 1996, 272).

> Für die Schule folgt daraus:
> Kinder brauchen zum Lernen Herausforderungen und authentische Fragestellungen. Sie brauchen ein echtes Interesse. Dazu gehört auch, dass ihnen deutlich wird, wozu sie etwas lernen sollen und was sie mit dem Gelernten im alltäglichen Leben anfangen können. Alles dies findet dann optimal statt, wenn Lernen in einer Atmosphäre des positiven Miteinanders geschieht.

Lernen als aktives Tun

Schon die Ursprungsbedeutung des Wortes zeigt, dass Lernen ein aktives Tun ist: Das Verb lernen ist mit lehren und List verwandt und bedeutet ursprünglich einer Spur nachgehen, nachspüren. Diejenigen, die lernen, gehen also einer Spur nach. Sie spüren nach. Dies ist ein individueller, d. h. für jeden einzigartiger Vorgang und bleibt nicht ohne Folgen, wie in neurobiologischen Forschungen nachgewiesen wurde. „Lernen bedeutet langfristig die Veränderung kortikaler Repräsentationen" (SPITZER 2002, 183). Wenn ein Lernender einer Spur nachgeht, so entstehen durch die Aufnahme und Weiterverarbeitung von Reizen allmählich spezifische Neuronenverbindungen im Gehirn, die sich zu „Karten" ausdifferenzieren und schließlich als *neuronale Netzwerke* zur Verfügung stehen. Diese sind nicht statisch, sondern verändern sich in Abhängigkeit von neuen Inhalten: Verbindungen werden neu geknüpft, andere gelockert und wiederum andere verstärkt. Diese Funktionsweise des Gehirns wird als Neuroplastizität bezeichnet, das heißt: Das Gehirn verändert sich durch seinen Gebrauch.

Neuronale Netzwerke stehen ebenfalls nicht isoliert da, sondern stehen untereinander in einem Austausch. Je vielfältiger und flexibler dieser Austausch ist, desto erfolgreicher, d. h. dauerhafter verlaufen Lernprozesse.

> Damit wird für den Unterricht zweierlei deutlich:
> Zum einen ist das eigene Tun (Eigenaktivität) unerlässlich für das Gelingen von Lernprozessen. Und zum anderen helfen vielfältige Herangehensweisen (auch in Form sinnvoller Übungen) beim Verankern von Lerninhalten im Gedächtnis.

Lernen als typische Hirnaktivität

Lernen ist eine Tätigkeit, die mit dem Menschsein grundlegend verbunden ist. Lernen beginnt bereits im Mutterleib und setzt sich nach der Geburt bis ins hohe Alter fort: „Das Gehirn lernt immer. Es lernt nicht etwa nebenbei oder wenn es gelegentlich einmal sein muss, sondern es kann es nicht besser und tut nichts lieber" (SPITZER 2006, 438). Das Gehirn – bestehend u. a. aus Nervenzellen (Neuronen) – ist das Körperorgan, das für das Lernen z. B. von Wissensinhalten, von Routinen, von Handlungsfolgen und Reaktionen, von Sichtweisen und Werten zuständig ist.

Der Mensch lernt sein ganzes Leben lang, aber das Lernen ist nicht immer gleich. Vereinfacht kann man sagen: Aufgrund der spezifischen

Arbeitsweise unseres Gehirns erweitert ein erwachsener Mensch hauptsächlich sein Expertenwissen, während ein Kind aufgrund der Wechselwirkung von Reifen und Lernen seine Potentiale entfaltet. Denn während das Gehirn lernt, reift es gleichzeitig und umgekehrt. Damit wird das noch nicht ausgereifte Gehirn in die Lage versetzt, sich genau das zu nehmen, was es gerade benötigt, auch wenn es – oder gerade weil es – viel komplexere Modelle oder Vorgaben bekommt.

Spricht man beispielsweise mit einem sehr kleinen Kind, so muss man sich nicht vollständig auf das Sprachniveau des Kindes begeben. Dies wäre im Gegenteil sogar falsch, weil dadurch kein Lernzuwachs stattfinden würde. Es reicht, wenn man beim Sprechen die Erwachsenensprache etwas vereinfacht. Das Kind kann aus diesen komplexen Strukturen genau das herausfiltern, wozu es aufgrund seiner momentanen Reife fähig ist. Hieraus konstruiert es dann die Bedeutung, die das Gesprochene auf seiner momentanen Entwicklungsstufe hat. Gleichzeitig lernt es durch diesen Prozess langsam, aber sicher, die Sprache immer differenzierter zu verstehen und zu sprechen.

> Aufgrund der Wechselwirkung von Reifen und Lernen erhalten Kinder in der Interaktion mit sich und der Umwelt genau das, was sie benötigen, um von einfachen zu komplexen Strukturen zu gelangen. Dies bedeutet,
> - dass es kritische Perioden für das Lernen bestimmter Dinge gibt und somit auch bestimmte Inhalte möglichst früh gefördert werden müssen.
> - dass Lernen in sozialen Bezügen stattfindet und dabei optimal aufgrund guter Beispiele und Vorgaben geschieht (Jüngere lernen am Modell von Älteren).
> - dass es kein eigentliches Nichtverstehen gibt, sondern ein individuelles Konstruieren von Bedeutung auf der jeweiligen Entwicklungsstufe.

Lernen als Konstruktion von Bedeutung

In jeder Sekunde strömen unzählige Sinnesreize auf uns ein: über die Nase, die Haut, die Augen, die Ohren usw. Würde unser Gehirn passiv auf alles reagieren, wäre es nicht mehr funktionsfähig. Wir wären konfus, überreizt und nicht mehr handlungsfähig, geschweige denn lernfähig.

Deshalb werden die Informationen, die unsere Sinnesorgane aus der Umwelt aufnehmen, nach bestimmten Interessen und Vorerwartungen ausgewählt, gefiltert bzw. verstärkt, abgeglichen, eingeordnet und integriert. Biologisch gesehen durchlaufen sie verschiedene Stadien der Weiterverarbeitung in den tieferliegenden Hirnregionen, bevor sie auf der Großhirnrinde (Cortex) ankommen und dort auf bereits bestehende Hirnstrukturen (neuronale Systeme) treffen.

Insgesamt werden sie nicht dokumentarisch – wie in einem Film – abgebildet, sondern symbolisch repräsentiert: als **Vorstellungen, Begriffe oder als Wissenskonzepte.** Hirnphysiologisch gesehen ist dies sehr ökonomisch: Anstatt dass man jedes Einzelereignis, jedes Phänomen, jeden Repräsentanten einer Kategorie abspeichern muss, um damit umgehen zu können, generieren Menschen Regeln und konstruieren Bedeutungen. Oder mit SPITZER kurz gesagt: Man muss nicht tausend Tomaten kennen und deren Eigenheiten vollständig abgespeichert haben, um eine Vorstellung von einer Tomate zu haben, und man muss auch nicht auf alle Reize reagieren, die auf einen einströmen.

Die von den Sinnesorganen über die Nervenbahnen bis zur Großhirnrinde ablaufenden Prozesse bezeichnet man als Bottom-up-Prozesse. Gleichzeitig steuert das Großhirn von „oben nach unten" aufgrund bisheriger Erfahrungen, Situationsdefinitionen oder Vorerwartungen, was von der Fülle von Sinnesreizen überhaupt ausgewählt wird, um bewusst aufgenommen zu werden. Diese Vorstrukturierungen werden als Top-down-Prozesse bezeichnet (vgl. SPITZER 2002, 176) und geschehen bei jedem Menschen anders, weil jeder Mensch andere Erfahrungen gemacht hat, andere Motive zum Lernen hat und andere Vorerwartungen hat.

Während Sie diesen Text lesen und etwas über das Lernen „lernen", hören Sie vielleicht die Heizung rauschen, ein Auto vorbeifahren und eine Fliege durch das Zimmer summen. Sie riechen das frischgemähte Gras durch das Fenster und schmecken noch das knusprige Brot vom Frühstück auf der Zunge. Trotz dieser zahlreichen Sinnesempfindungen richten Sie Ihre Aufmerksamkeit auf den Text. Dies gelingt Ihnen, weil Sie die anderen Reize ausblenden und zwar als aktive Entscheidung. Stellen Sie sich vor, Sie würden auf alles reagieren, indem Sie bewusst über alles nachdenken: „Ich muss den Hausmeister anrufen, dass er nach der Heizung schaut, das Fenster schließt auch nicht richtig, die Fliege ist so lästig." Damit würde verhindert, dass Sie sich hinreichend auf den Inhalt des Textes konzentrieren können. Nun besteht aber auch dieser Text aus zahlreichen Einzelinformationen. Auch diese merken Sie sich nicht fotografisch, sondern Sie sortieren sie aufgrund von Vorkenntnissen und Vorerwartungen. Damit können Sie das, was Sie hier lesen, in das einordnen, was Sie bereits über die Vorgänge des Lernens wissen. Sie lernen also keine Fülle von Einzelfakten, sondern generieren allgemeine Erkenntnisse. Auch dies ist ein aktives Tun.

Lernen ist also immer eigenaktiv und individuell, auch wenn wir Kindern Lernangebote machen und wir in unserem Kulturkreis von einem gemeinsamen Erfahrungshintergrund ausgehen können. Ein solches Verständnis von Lernen bedeutet auch: Was eine Lehrperson unterrichtet und meint, kann von einem Lernenden nur so weit eingeordnet werden, wie es seine bisherigen Erfahrungen, sein bisheriges Wissen und Können und auch seine Erwartungen erlauben. Dies muss uns als Lehrperson bewusst sein. Und diesen Gegebenheiten müssen wir Rechnung tragen, sonst stiften wir möglicherweise Verwirrung oder tragen zu Lernschwierigkeiten bei, indem wir ein Verständnis erwarten, was unseren Voraussetzungen entspricht, nicht aber denen der Kinder.

Sarah
Sie weiß bei ihrer Einschulung bereits Einiges über die Funktion der Schriftsprache: Lesen heißt, in der Zeitung nachschauen zu können, was im Fernsehen läuft, lesen heißt auch, die Geburtstagskarte von Oma entziffern zu können. In der Schule lernt sie nun, dass die Buchstaben bestimmte Namen haben und wie die Buchstaben zu Silben und Wörtern zusammengefügt werden. Sie kann diese Informationen in ein bestehendes Wissenskonzept (Funktion der Schriftsprache) einordnen und damit handelnd umgehen, indem sie zu Hause gemäß ihrer momentanen Schreibstrategie eine Karte an die Oma verfasst und die Anfangsbuchstaben ihrer Lieblingssendungen identifiziert.

Markus
Er stammt aus einer Familie, in der Schriftsprache keinen großen Stellenwert hat. Genauso wie Sarah erhält er Informationen über die „Namen der Buchstaben" und deren Synthese zu Silben und Wörtern. In Gegensatz zu Sarah kann er diese Informationen aber nicht in ein bereits bestehendes Wissenskonzept einordnen, sondern hat alle Hände voll zu tun, hieraus einen persönlichen Sinn zu ziehen. Die gleichen Informationen, die für Sarah inhaltsvoll und damit bedeutungsvoll sind, sind für Markus also zunächst eher formal und abstrakt. Dies kann zur Folge haben, dass Markus die „Namen der Buchstaben" immer wieder vergisst und außerhalb der Schule vermutlich nicht damit hantiert und experimentiert.

Justin
Er hat Probleme in der auditiven Wahrnehmungsverarbeitung. Er sitzt vor einem Lesetext, in dem das Phonem / u / erarbeitet und für den weiteren Leselernprozess verfügbar gemacht werden soll. Die Aufgabe ist es, Sätze zu lesen, in denen immer wieder „ UHU" vorkommt, wobei das Wort durch das Bild eines Uhus ersetzt wird:

„Da ist ein 🦉 "

„Der 🦉 ist im Baum."

1.1 Aspekte des Lernens

Nun ergibt sich für Justin eine besondere Schwierigkeit: Der abgebildete UHU ist für ihn eine EULE. Somit hat die neue Information: [u] wie am Anfang von [Uhu] keinerlei Bedeutung, sondern im Gegenteil: Sie verwirrt. Denn für Justin schiebt sich immer wieder der Laut [eu] in den Vordergrund. Im Zusammenhang mit der auditiven Wahrnehmungsproblematik, die sich u. a. in der fehlenden Unterscheidungsmöglichkeit von [o] und [u] zeigt, gibt es nun eine weitere Frage: Wie passt die Eule zu dem Ganzen? Vielleicht wird Justin die Gewissheit dessen, was er kann, verlieren: nämlich auf einem Bild eine Eule benennen. Vielleicht wird er insgesamt unsicherer sein als vorher. Auf jeden Fall führt die Übung nicht dazu, dass er lernt, aus dem Lautstrom des Wortes Uhu das Phonem / u / zu generieren und darüber auch in anderen Zusammenhängen verfügen zu können.

Jedes der Kinder bringt andere Voraussetzungen mit und konstruiert dementsprechend auch andere Bedeutungen. Daher braucht auch jedes Kind andere Impulse beim Lernen:

Für Kinder wie Sarah stehen Fragen im Vordergrund wie: „Wie bekomme ich heraus, wie das unbekannte Wort im Text heißt? Wie schreibe ich einen Brief an Oma so, dass sie ihn auch lesen kann?" Sarah braucht also eine Lauttabelle, damit sie möglichst schnell selbstständig arbeiten kann. Sie braucht ein Text- und Bücherangebot, wo sie sich kleine Texte erliest und anschließend dazu malt und schreibt. Sie kann als Helferin hinzugezogen werden, um andere Kinder beim Lesen zu unterstützen.

Kinder wie Markus müssen in der Schule Erfahrungen und Situationen nachholen, in denen sie einen unmittelbaren und existentiellen Zugang zur Schriftsprache erhalten. Dies geschieht durch Vorlesesituationen im Unterricht, durch attraktive Bücherangebote, durch vielfältige Erfahrungen mit der Funktion der Schriftsprache.

Justin benötigt neben Angeboten zur Verbesserung seiner auditiven Diskriminationsfähigkeit ein anderes Anlautbild für das Phonem / u /, damit durch die Veränderung der Aufgabenstellung die Schwierigkeit mit Uhu und Eule zunächst einmal ausgeschaltet wird. (Man denke in diesem Zusammenhang auch an die Kinder, die Deutsch als Zweitsprache haben, und die mit Anlauttabellen evtl. ihre Probleme haben).

> Für mich als Lehrerin oder Lehrer ergibt sich daraus die Frage, wie ich derartig differenzierte Informationen erhalte, um entscheiden zu können, welche Lern- und Unterstützungsangebote ein Kind braucht. Einerseits muss ich im Unterricht Situationen schaffen, in denen ich die Kinder bei ihren Aktivitäten gezielt beobachten kann. Anderer-

seits muss ich fachkundig sein, d.h., die sachstrukturellen Gegebenheiten eines Lerngegenstandes wie z.B. den Schriftspracherwerb kennen (vgl. S. 42). Da ich mich jedoch nicht in alle Fachgebiete gleichermaßen intensiv einarbeiten kann, sind die in der Fachliteratur zu findenden didaktischen Landkarten oder Lernfelder von großer Bedeutung. Hier erfährt man auf einen Blick, welche einzelnen Aspekte ein Lerngegenstand hat (ein Beispiel für das Lesen finden Sie auf dieser Seite).

Lernfelder in der Leseentwicklung

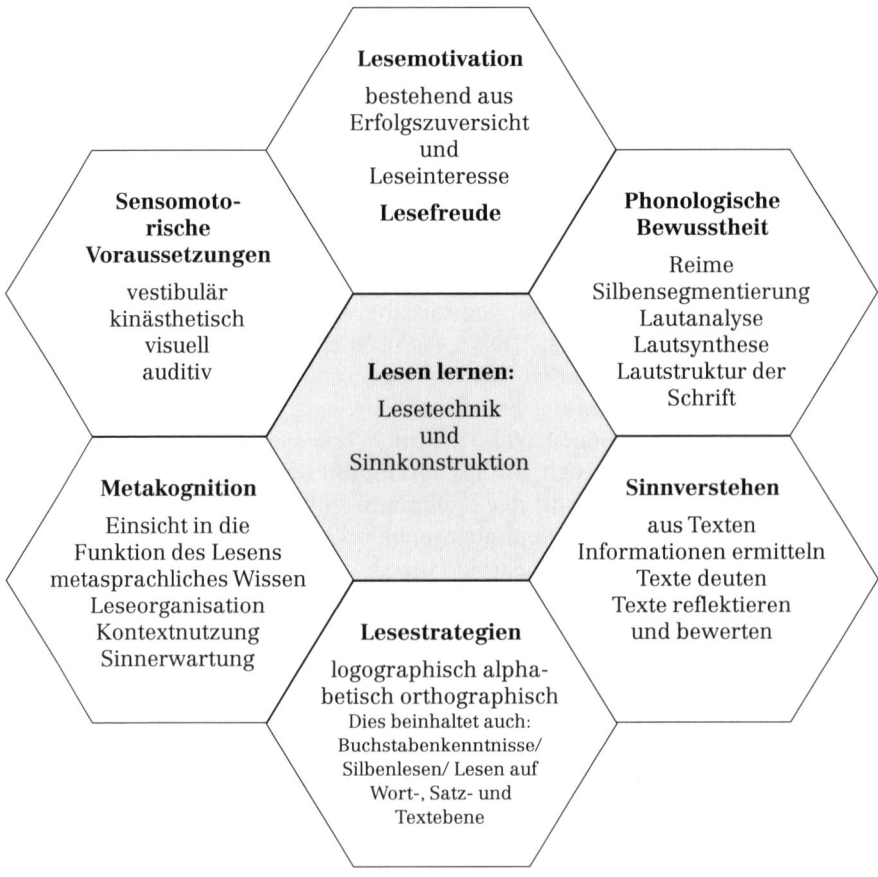

Lernen als Einheit von Denken und Fühlen

Für die Vorgänge des Lernens ist die Einheit von kognitiven und emotionalen Vorgängen essentiell. „Mit dem Gehirn *denkt* der Mensch, aber er *fühlt* auch mit dem Gehirn (und nicht mit dem Herzen)" (REICH 2005, 31). Im Gehirn werden einerseits alle geistigen Leistungen vollzogen – wie z. B. das Operieren mit Mengen und Zahlen, das Schreiben von Aufsätzen oder die Hypothesenbildung bei sachkundlichen Themen. Im Gehirn sind andererseits aber auch sämtliche Gefühlsregungen angesiedelt: Glück, Wut, Angst, Trauer. Betrachtet man den Aufbau und die Arbeitsweise des Gehirns, so stehen alle Hirnregionen in einem kontinuierlichen Austausch miteinander. Besonders eng und vielfältig sind die Verbindungen des limbischen System (das u. a. für die Verarbeitung und Steuerung der Gefühle zuständig ist) zum Hirnstamm und zur Großhirnrinde.

So werden auch beim Abrufen von Gedächtnisinhalten nicht ausschließlich Fakten aktualisiert, sondern ebenso die mitgespeicherten Emotionen (vgl. REICH 2005, 133). Wird ein Lerninhalt mit Angst oder Misserfolgserlebnissen verknüpft, so erhält dieser Inhalt eine negative Prägung. Wir alle wissen, dass Stress, Angst und Unsicherheit das Denken und damit auch die Fähigkeit zu lernen lähmen. Ausgeglichenheit, Freude und Erfolgszuversicht hingegen unterstützen und fördern die Lernfähigkeit. Etwas Vertrautes wiedererkennen und mit einer Sache gefühlsmäßig verbunden zu sein, erhöht deutlich die Wahrscheinlichkeit erfolgreicher kognitiver Prozesse.

Gleichzeitig sind Herausforderungen und echte Aufgaben nötig, um einen Menschen in seiner Entwicklung vorwärtszubringen. Unser Gehirn ist so angelegt, dass immer dann, wenn nach einer Tätigkeit das Ergebnis höher als erwartet ist, der Neurotransmitter Dopamin freigesetzt wird, der als opiatähnlicher Stoff für positive Gefühle zuständig ist (vgl. SPITZER 2002, 176-195). Monotonie, Langeweile und Überbehütung sind ebenso kontraproduktiv für die Denkfähigkeit wie Überforderung und Angst.

Walid
Er ist jetzt in Klasse 3. Vor vier Jahren kam er aus dem Irak nach Deutschland. Er trug eine schwere Schussverletzung am Arm. Jetzt wohnt er mit seinem Vater, dessen zwei Frauen und seinen acht Geschwistern in einer Vierzimmerwohnung. Das jüngste Kind ist erst mehrere Monate alt. Walid kann kaum lesen. Trotzdem fragt er jeden Tag seine Lehrerin, ob er in die vierte Klasse versetzt wird.

Marina
Ihre ältere Schwester besucht das Gymnasium. Marinas Mutter ist sehr besorgt um den schulischen Erfolg ihrer jüngsten Tochter. Zu Schulbeginn sieht Marina sehr ernst aus. Sie lacht nie. Beim Arbeiten wirkt sie äußerst angespannt. Nach einigen Wochen lockert sich die Miene ein wenig. Die Anspannung verschwindet nach und

nach. Und sie lacht immer öfter. Marina hat gelernt sich über Lob zu freuen. Irgendwann ist aus dem verunsicherten Mädchen ein fröhliches Kind geworden, das weiß, was es gut kann und was nicht so gut. Letzteres nimmt sie mithilfe der Lehrerin ohne Angst in Angriff.

Karsten
Er ist Schüler der Klasse 4 und brütet über seinen Mathematikaufgaben. Er versucht den Lärm in der Klasse zu ignorieren, auch die Tatsache, dass seine Eltern sich jeden Abend streiten. Karsten versteht die Sachaufgaben nicht. Er sagt zu seiner Lehrerin: „Sie müssten mal in meinem Körper sein, dann würden Sie mich verstehen."

> Für die Schule folgt daraus:
> Auch wenn wir das familiäre Umfeld unserer Kinder nicht ändern oder negativ verlaufene Lernbiographien rückgängig machen können, so können wir doch die Atmosphäre in der jeweiligen Lerngruppe positiv gestalten und Möglichkeiten schaffen, familiäre Belastungen zumindest für die Dauer eines Schulvormittages aufzufangen (Rückzugsecken, Kummerkasten, vertrauensvolle Gespräche usw.).

Lernen als Prozess des Behaltens und Erinnerns

Wann verfügt ein Kind über eine bestimmte Kompetenz? Wann weiß es etwas und kann dieses Wissen in anderes Wissen integrieren und zu differenzierten Wissenskonzepten zusammenfügen? Bildhaft gesprochen: Wann wurden Spuren gelegt? Können wir zum Beispiel von Lernen sprechen, wenn ein Kind vor einem Sachunterrichtstest die Bundesländer und deren Hauptstädte reproduziert, indem es in Form eines Frage- und Antwortspieles wiederholt Assoziationen zwischen dem jeweiligen Bundesland und dessen Hauptstadt herstellt? Werden fachliche Inhalte vor einem Test genügend in der beschriebenen Weise geübt, können diese in der Testsituation in der Regel erfolgreich abgerufen werden.

Die Wahrscheinlichkeit jedoch, dass dieses Wissen nach einigen Wochen noch präsent ist, hängt davon ab, wie fest es tatsächlich im Gedächtnis verankert wird. Dies wiederum ist davon abhängig, ob es zuvor in unterschiedlichen Zusammenhängen möglich war, vielfältige Lernerfahrungen damit zu machen und das Neue in bestehendes Wissen einzuordnen. Eine Rolle spielt auch, ob die persönliche Einstellung dazu unter der Fragestellung Neuigkeit und Bedeutsamkeit geklärt wurde und ob es variationsreiche Übungsmöglichkeiten über einen längeren Zeitraum gab und nicht erst am Tag vor dem Test. Geschieht dies alles nicht, kann ein Kind

1.1 Aspekte des Lernens

mit einer hohen Gedächtniskapazität dennoch alles im Test abrufen, aber dieses Wissen bleibt lediglich so lange im Arbeitsspeicher, bis der Test geschrieben ist und wird dann wieder vergessen. Das weiß jeder, der einmal vor Prüfungen gelernt hat, aus eigener Erfahrung.

Wir sprechen uns hier nicht gegen den Erwerb von Faktenwissen aus, denn manche Dinge müssen schnell und automatisiert abrufbar sein, damit darauf weiter aufgebaut werden kann. Aber unser Gehirn ist so angelegt, dass es sich dieses Wissen nur dann dauerhaft erwerben kann, wenn es auch grundlegend verstanden ist. Gleichzeitig bleiben Informationen umso dauerhafter im Gedächtnis verhaftet, je größer ihr Neuigkeitsgrad und ihre Bedeutsamkeit sind. Dies liegt an dem engen Zusammenhang von Lernen und Emotionen. Oftmals ist es jedoch so, dass Wissen sozusagen im Klassenraum oder gar im Schulbuch hängenbleibt und keine Relevanz für das „eigentliche Leben" hat: Die Gefahr besteht besonders

- **beim Vermitteln von Einzel- oder Detailwissen, bei dem die Zusammenhänge nicht deutlich werden.**
  Die Lehrperson hat sich während der Unterrichtsplanung mit der Struktur des Inhalts auseinandergesetzt und kennt somit Zusammenhänge und Abläufe. Macht sie sich nicht bewusst, dass den Kindern dieser Prozess fehlt und gibt sie ihnen diese Informationen nicht, so beginnt das Rätselraten: „Worum geht es eigentlich? Was hat das mit mir und meinem Leben zu tun? Wohin gehört das denn jetzt?" Im günstigsten Fall konstruieren die Kinder sich einen Zusammenhang, der sich vielleicht auch mit demjenigen der Lehrperson deckt. Im ungünstigsten Fall hören die Kinder auf, einen Sinn herzustellen. Sie betrachten dann das Wissen als schulspezifisch, und es bleibt auch in der Schule.
- **bei formal angelegten Lernprozessen, indem keine Einsicht in inhaltliche Zusammenhänge erfolgt.**
  Beispielsweise geschieht dies in einem Mathematikunterricht, in dem wir den Kindern zu wenig Gelegenheit geben, mit Mengen und deren Mächtigkeiten konkret zu hantieren und Beziehungen zwischen Zahlen zu erfassen; oder wenn Kinder formale Rechenoperationen auswendig lernen und schematisch anwenden, ohne den zugrunde liegenden Sachverhalt zu verstehen. Diese Gefahr besteht auch bei sachunterrichtlichen Themen: die größte Stadt Deutschlands, der längste Fluss usw., ohne dass die Kinder eine Anknüpfungsmöglichkeit aus ihrem persönlichen Erfahrungsbereich haben: „Was interessiert mich an dieser Stadt, was hat diese Stadt mit meinem Wohnort gemeinsam, was sind bedeutende Unterschiede?"

- **bei monoton angelegten Übungsformen.**
  Hier prägen die Kinder sich letztendlich nur ein formales Schema ein, das sie für den Augenblick aktualisieren, aber nicht mit nach „draußen" nehmen, um es dort anzuwenden. Diese Gefahr besteht besonders, wenn Aufgaben dazu dienen, die Kinder lediglich zu beschäftigen und „ruhig"zustellen, anstatt echte Auseinandersetzungen mit einem Inhalt anzuregen.
- **bei einem frontal-instruierenden Unterricht, in dem die eigenaktive Auseinandersetzung mit einem Sachverhalt fehlt.**
  Diese Gefahr besteht besonders, wenn das Erfüllen von Lehrplänen oder das Hinarbeiten auf Lernstandserhebungen – oft notgedrungen – zu sehr in den Vordergrund rückt und einem der lehrergeleitete Unterricht schon aus Zeitgründen ökonomischer als andere Unterrichtsformen erscheint.

Wir halten fest:
Lernen ist mehr als ein kurzfristiges Auswendiglernen von Faktenwissen und mehr als bloßes Reproduzieren formaler Inhalte. Lernen heißt, Bedeutung zu erzeugen und zu verstehen. Eine aktive und von verschiedenen Perspektiven aus erfolgte Auseinandersetzung erhöht die Wahrscheinlichkeit, dass das Gelernte in verschiedenen Zusammenhängen verfügbar ist und dabei als Basis für aufeinander aufbauende Kompetenzen dient.

1.2 Lernen unterstützen

Obwohl Lernprozesse sich individuell und eigenaktiv vollziehen, können und müssen wir sie durch geeignete Angebote und Lernarrangements unterstützen und fördern. Es ist Aufgabe der Lehrerin und des Lehrers,
- die Lernumgebung kreativ und effektiv zu gestalten,
- ganzheitliches und vielsinniges Lernen zu arrangieren,
- Kommunikation und Austausch zu ermöglichen.

In einem solchen Verständnis von Lernen versteht sich eine Lehrperson mehr als Lernbegleiter denn als Wissensvermittler. Dies bedeutet auch, dass der Unterricht geöffnet und differenziert wird. Die Kinder lernen nicht im Gleichschritt; das jeweilige Lerntempo, die Motivation, die Auffassungsgabe sind zu beachten. Die pädagogische Kunst besteht darin, der gesamten Gruppe eine Struktur zu geben, in der individuelles Lernen möglich wird. Methoden wie die Freie Arbeit, der Wochenplanunterricht, das Arbeiten an Stationen, Werkstätten oder mit Portfolios ermöglichen dies in besonderer Weise.

Doch auch der lehrerzentrierte Unterricht hat – unter der Option, dass man ihn phasenweise einsetzt – seinen Platz. Entscheidend ist, dass der Unterricht insgesamt den Kindern die Chance gibt, mehrperspektivisch und eigenständig zu lernen.

Denkanstöße für eine veränderte Lernkultur

Eine veränderte Lernkultur orientiert sich an den Erkenntnissen heutiger neurobiologischer Forschungen und strebt an, das Lernen aus der Sicht der Lernenden zu unterstützen. Hier finden Sie Denkanstöße, zu denen es in Kapitel 6 S. 100 ff. weitere Konkretisierungen und Beispiele gibt:

Die Einheit von Denken und Fühlen beachten

- Den persönlichen Bezug zu einem Inhalt oder einer Aufgabe klären. Jedes Kind hat eine etwas andere Sicht auf Dinge, andere Vorerfahrungen, andere Wünsche, Hoffnungen und Ängste.
- Die Lernziele bekanntgeben und daran arbeiten, dass den Kindern deren Wert und Bedeutung einsichtig sind.
- Klären, was einzelne Kinder bezogen auf die persönliche Einsicht hindert und wie man – gemeinsam – Abhilfe schaffen kann.
- Interesse, Neugier und Faszination wecken: Keine „Scheinmotivation" erzeugen, indem man etwas als spannend verkauft, was in Wirklichkeit eine Mogelpackung ist; dies merken die Kinder sehr schnell.
- Eine entspannte und angstfreie Lernatmosphäre schaffen, in der die Kinder sich in ihren Fähigkeiten unterstützt und in ihren Schwierigkeiten angenommen fühlen und in der immer wieder herzhaft gelacht werden kann.

Neue Informationen in Bestehendes integrieren

- An Bekanntes anknüpfen: Deshalb müssen Sie die Voraussetzungen der Kinder und deren Lebenswelt gut kennen.
- Anschauliche Beispiele liefern und diese von den Kindern ergänzen lassen.
- Vorwissen von den Kindern systematisch klären lassen: Was weiß ich schon über…?
- Den Lernstoff mit der Realität verknüpfen (Anwendungsbezug).

Neuronale Netzwerke ausbauen

- Kontextbezogenes Lernen ermöglichen: Eine anregende und störungsfreie Lernumgebung schaffen, Stationen des Lernweges aufzeigen, Zusammenhänge und Überblicke darstellen, bevor Sie Einzelheiten vermitteln, fächerübergreifende Inhalte anbieten.
- Wissensnetzwerke aufbauen: Fragestellungen, Probleme und Sachverhalte von mehreren Seiten beleuchten und Verknüpfungen herstellen: „Hund und Katze sind Haustiere, was ist in der Haustierhaltung das Gemeinsame, worin unterscheiden sie sich…".
- Alle für die jeweilige Fragestellung nötigen Informationen präzise geben; dabei die Informationen möglichst auf mehreren Wahrnehmungskanälen anbieten: bildliches Sehen, lesen, hören, fühlen, bewegen, ausprobieren.
- Den Lernstoff auf verschiedenen Repräsentationsebenen anbieten: enaktiv (handelnd), ikonisch (bildlich), symbolisch (Vorstellungen, Schriftsprache, Zahlen, Zeichen), dabei viel eigenaktive Auseinandersetzung ermöglichen.
- Rechte und linke Hirnhälfte ansprechen: Die rechte Hirnhälfte reagiert mehr auf die emotionalen Seiten eines Inhaltes, die linke mehr auf die analytisch-rationale Seite.
- Den Lernstoff spiralförmig aufgreifen: z.B. im Laufe eines Jahres oder im Verlauf der verschiedenen Jahrgänge.

Gedächtnisleistungen unterstützen

- Lernstoff auf ein quantitativ sinnvolles Maß begrenzen.
- Lernstoff von mehreren Aspekten her beleuchten.
- Verstehen fördern.
- Ähnlichkeitshemmungen vermeiden: z.B. die Grapheme < ei > und < ie > nicht in einem zeitlichen Nacheinander präsentieren.
- Lernstoff durch Wiederholungen vom Kurzzeitgedächtnis ins Langzeitgedächtnis transferieren.
- Vielfältige und variationsreiche Übungen anbieten.
- Den Biorhythmus beachten: je nach Alter der Kinder 10 bis 30 Minuten konzentrierte Anspannung und dann drei Minuten Entspannung.
- Darüber hinaus entspannende Pausen anbieten.

Kooperatives Lernen fördern

- Den Dreischritt beachten: ich – du – wir. Gemeint ist: individuelle Klärung (ich), dann Besprechung mit dem Partner/dem Team (du), dann Vortrag im Plenum und Integration des Neuen (wir).
- Möglichkeiten geben, voneinander zu lernen: Partnerarbeit, Teamarbeit.
- Möglichkeiten eröffnen, dass jüngere Kinder von den älteren lernen: z. B. bei jahrgangsübergreifender Organisation.

Reflektionsbogen für die Unterrichts- und Förderplanung

Der folgende Reflektionsbogen kann als Wegweiser für eine veränderte Lernkultur dienen. Lassen Sie sich anregen und nicht entmutigen: Es geht darum, sich einem Ideal schrittweise anzunähern. Das heißt auch: Was nicht immer und überall gelingt, kann doch phasenweise oder schwerpunktmäßig umgesetzt werden. Auch damit ist Qualität gewonnen.

Arbeitsvorschlag

Analysieren und reflektieren Sie mit dem folgenden Bogen Ihre Unterrichts- und Förderplanung. Notieren Sie sich, was Ihnen gut gelingt und woran Sie weiterarbeiten wollen. Wiederholen Sie das Verfahren von Zeit zu Zeit.

Wenn Sie diese Checkliste im Team durchsprechen, erhalten Sie weitere Anhaltspunkte für die Qualitätsanalyse (vgl. Checkliste S. 26 f.).

Checkliste für die Unterrichts- und Förderplanung

Meine Einschätzung am:

authentische und herausfordernde Fragen stellen	Wodurch wecke ich die Neugierde und Faszination der Kinder?
	Was sind herausfordernde Fragestellungen für die Einzelnen?
	Wie knüpfe ich an die Lebenswelt der Einzelnen an?
	Wie vereinbare ich unterschiedliche Lebenswelten miteinander?
	Welche Fragen bieten sich zur Erweiterung der Lebenswelt an?
	Wie und wodurch mache ich deutlich, wie das Gelernte im Alltag angewendet werden kann?
	Wie binde ich diejenigen ein, die die Motivation verlieren?
	Biete ich genügend offene Fragestellungen an, die probierendes und problemlösendes Vorgehen erlauben?
	Präsentiere ich die Fragestellung so, dass sie von allen verstanden wird? Wie gewährleiste ich dies während des Lernprozesses?
	Welche Möglichkeiten der Differenzierung bieten sich an?
Vorwissen aktivieren und Voraussetzungen sicherstellen	Welches Vorwissen vermute ich bei den einzelnen Kindern?
	Habe ich genügend Methoden installiert, um dieses Vorwissen zu aktivieren (Brainstorming/Murmelgespräche/Mindmapping etc.)?
	Welche Begriffe und Fakten müssen bekannt bzw. verstanden sein, damit die Kinder die Fragestellung bearbeiten können?
	Welche Hilfen und Erinnerungsstützen biete ich an (z. B. Lernpartner/Lernplakate/Nachschlagemöglichkeiten)?
	Was sind weitere notwendige Voraussetzungen (Kriterien) für das Bearbeiten einer Fragestellung?
	Wie stelle ich sicher, dass die Kinder diese Voraussetzungen beherrschen (welche Hilfen/Unterstützungsangebote gebe ich)?
Handlungskompetenz und planerisches Vorgehen	Welche Routinen müssen die Kinder können (z. B. Gruppentische zusammenstellen, Material besorgen, sich im Team besprechen)?
	Welche allgemeinen bzw. fachspezifischen Methoden und Arbeitstechniken müssen sie können?
	Welche Materialien werden benötigt? Stelle ich diese bereit oder beschaffen sich die Kinder diese Materialien selber?
	Initiiere ich selbstständiges Planen (z. B. indem die Kinder zunächst nach vorgegebenen Plänen vorgehen und dann eigene Pläne machen)?

Das ist gelungen/daran arbeite ich weiter:

KV Kinder individuell fördern

	Meine Einschätzung am:
Informationen sammeln	Welche Informationen werden benötigt? Gebe ich diese vor oder suchen die Kinder sich diese selber?
	Wenn ich Informationen vorgebe, wie präsentiere ich sie (z. B. durch Lehrervorträge, Anschauungsbilder, Tafelbilder, Filmsequenzen)?
	Wenn die Kinder sich die Informationen suchen: Welche Methodenkompetenz zur Recherche benötigen die Kinder?
	Welche Möglichkeiten der Differenzierung sehe ich hier für welche Kinder?
Informationen analysieren und bewerten	Welche Informationen sind relevant und welche nicht, um die anstehenden Aufgaben zu bearbeiten?
	Welche Entscheidungskriterien gibt es hierzu aus meiner Sicht (in Kenntnis der sachstrukturellen Gegebenheiten)?
	Welche Entscheidungskriterien gibt es aus Sicht der Kinder (jeweiliges Interesse und jeweiliger Entwicklungsstand)?
	Wie finden die Kinder Entscheidungskriterien heraus (z. B. durch Versuch und Irrtum, experimentieren, gegenseitige Beratung)?
	Wie viel Öffnung kann ich hier zulassen? Wie viel Struktur erscheint mir notwendig zu sein?
	Welche Möglichkeiten der Differenzierung sehe ich hier für welche Kinder?
Informationen erinnern, integrieren und anwenden	Welche Hypothesen habe ich darüber, was die die einzelnen Kinder vom Lernstoff verstanden haben?
	Wie unterstütze ich, dass kurzfristig im Arbeitsgedächtnis gespeicherte Informationen in fest verfügbares Wissen/Können übergehen?
	Welche verschiedenen Herangehensweisen und Auseinandersetzungen mit dem Gelernten bieten sich an?
	Wie erreiche ich, dass die Kinder das Neue in ihre Wissenskonzepte einbauen und darauf aufbauen können?
	Wie erreiche ich, dass die Kinder Nutzen aus dem Gelernten ziehen?
	Welche Möglichkeiten der Differenzierung sehe ich hier für welche Kinder?
Das ist gelungen/daran arbeite ich weiter:	

1.3 Lernschwierigkeiten

Lernschwierigkeiten werden deutlich, wenn ein Kind die an es gestellten Anforderungen nicht oder im Vergleich zu seiner Altersgruppe nur unzureichend erfüllen kann. Bei bestehenden Lernschwierigkeiten ist es Aufgabe der Grundschule, diese zu erkennen und alle ihr zur Verfügung stehenden Mittel der Förderung auszuschöpfen. Gleichzeitig gehört dazu, Grenzen zu erkennen und die Abgrenzung zu sonderpädagogischem Förderbedarf zu ziehen.

Ob es sich um eine vorübergehende, punktuelle Lernstörung oder um einen sonderpädagogischen Förderbedarf handelt, das können Sie in Kooperation mit der Kollegin oder dem Kollegen der Förderschule ermitteln. Trotz aller individuellen Vorgehensweise wird es in der Grundschule nicht immer möglich sein, Schwierigkeiten eines Kindes, die sein Lernen langwierig und umfassend behindern, wirklich gerecht zu werden. Hier sollten Sie nicht zu lange mit einer Überprüfung warten, denn es kann auch wertvolle Zeit verlorengehen. Im Zweifel können Sie Fachkollegen auch zu einer informellen Beratung hinzubitten.

Wie erkenne ich die Lernschwierigkeiten eines Kindes?

Lernschwierigkeiten offenbaren sich auf vielfältige Art und Weise. Hier sollten Sie auch auf folgende Anzeichen achten:
- Vermeidet das Kind bestimmte Aufgabenstellungen?
  Vermeidungsverhalten kann sich in Trotzreaktionen, Clownerien, in aggressivem Verhalten oder auch im Rückzug zeigen.
- Zeigt das Kind Anzeichen von Schulangst oder Schulunlust?
  Unlust oder Angst können sich durch zunehmende Teilnahmslosigkeit, häufige Erschöpfung oder auch körperliche Symptome wie Kopf- oder Bauchschmerzen äußern. Auch Kinder, die häufig – entschuldigt – fehlen, können dies auf der Basis von Schulangst tun.
- Lassen die Leistungen auch in Bereichen nach, in denen das Kind keine Schwierigkeiten hat?
  Frustration durch Versagen in einem Bereich kann sich auf die Motivation in anderen Bereichen auswirken.

Wie schöpfe ich alle zur Verfügung stehenden Mittel der Förderung aus?

Förderung kann geschehen durch
- das Bearbeiten individueller Aufgabenstellungen.
  Im Rahmen des allgemeinen Unterrichts bekommen nicht alle Kinder

1.3 Lernschwierigkeiten

zu jeder Zeit die gleichen Aufgaben, sondern es finden Variationen z. B. in Bezug auf den Umfang oder die Anforderungen der gestellten Aufgaben statt.
- das zur Verfügung stellen von speziellen Unterstützungen im Rahmen eines Förderplans.

Im Rahmen des Förderplans können Angebote wie beispielsweise das Einführen eines Belohnungssystems oder der Vorschlag eines speziellen Arbeitsplatzes vorbereitet werden. In Kapitel 6 finden sich Möglichkeiten der Umsetzung.
- Teilnahme an besonderen Maßnahmen im Rahmen des Förderunterrichts.

So kann beispielsweise die – zeitlich genau umrissene – Teilnahme an einer speziellen Fördergruppe zur Schulung der phonologischen Bewusstheit hilfreich sein.
- Gespräche mit den Eltern.

Wenn das häusliche Umfeld es ermöglicht, lassen sich durch Anregungen aus der Schule, z. B. das gemeinsame Bearbeiten der Hausaufgaben mit einer Klassenkameradin oder das Anmelden in einem Sportverein Schwierigkeiten ausgleichen.
- das Hinzuziehen von externen Experten.

Wiederum in Absprache mit den Eltern können Therapien – Sprach-, Ergo-Psychotherapie u.Ä. – angebahnt werden. Auch sonderpädagogische Beratung kann wertvoll sein.

2 Verständnis von Fördern

Fördern ist mehr als das bloße Ausbessern von unzureichend erfolgten Lernprozessen. Es ist auch mehr als bloßes Üben und Einüben von mechanischen Fähigkeiten. Will man Kinder individuell fördern, so heißt dies nichts anderes, als ihnen die Möglichkeit zu geben, individuell zu lernen. Dies geschieht in der Regel innerhalb des Unterrichtes und lässt sich durch geeignete Formen der Unterrichtsöffnung realisieren. Es kann auch im Rahmen von Förderunterricht geschehen, wobei hier besonders auf Effizienz in Bezug auf Zeit, Inhalt, Methodik zu achten ist.

> Fördern ist eine pädagogische Intervention, die darauf abzielt, geeignete Bedingungen für die optimalen Lernmöglichkeiten eines Kindes bereitzustellen. Dies bezieht sich nicht nur auf fachliches, sondern auch auf entwicklungsbezogenes Lernen. Zudem liegt dem Begriff des Förderns kein technisch-kausales Verständnis im Sinne einer „Wenn-dann-Beziehung" und auch kein Machbarkeitsverständnis zugrunde. Vielmehr bedeutet er, dass
> - Lehrerinnen und Lehrer eine Grundhaltung der Akzeptanz einnehmen,
> - eine Beziehung zu dem Kind aufbauen,
> - Prozesse anregen,
> - Gelegenheiten für Erfahrungen arrangieren,
> - Lernangebote machen,
> - unterstützende Hilfen anbieten,
> - eine förderliche Lernumgebung und Lernatmosphäre schaffen.
>
> Das Ganze geschieht nicht über die Köpfe der Kinder hinweg, sondern im Austausch mit ihnen und mit allen anderen Beteiligten wie Eltern sowie außerschulischen Partnern (dialogisches Prinzip mit geteilter Verantwortung).

2.1 Grundhaltung und Handwerkszeug

Da jede pädagogische Intervention von der inneren Einstellung (Grundhaltung) und dem Können (Handwerkszeug) desjenigen geprägt ist, der fördert, dienen die folgenden grundlegenden Gedanken einer persönlichen und institutionellen Standortbestimmung. Sie repräsentieren sozusagen die innere Landkarte einzelner Lehrpersonen oder verschiedener Schulsysteme.

Die Grundhaltung beinhaltet Fragen nach dem Menschenbild, das sich aus den persönlichen Einstellungen und dem heute gültigen pädagogischen Selbstverständnis ergibt.

Das Handwerkszeug umfasst Wissen und Können einer Lehrperson. Dazu gehören z. B. Kenntnisse über Entwicklungsverläufe, fachspezifische Erfordernisse und ein Repertoire an Methoden, Medien, Materialien usw. Die Grundhaltung und das handwerkliche Können müssen sich aufeinander beziehen und eine sinnvolle Einheit bilden. Liegt die Gewichtung zu sehr auf dem Handwerkszeug, wird ein eher technisches Verständnis von Fördern zugrunde gelegt. Dann wird von einem Kind erwartet, dass es Programme und materialgestützte Arbeitsangebote mechanisch „abarbeitet", unabhängig davon, ob und inwieweit es diese in seine spezifischen Erfahrungen oder in sein momentanes Verständnis einordnen kann. Liegt die Gewichtung zu sehr auf der pädagogischen Grundhaltung, dann handeln wir zu wenig ergebnisbezogen, und es besteht die Gefahr, dass die systematische und handwerklich fundierte Umsetzung aus den Augen verloren wird.

▶ Grundhaltung ohne Handwerkszeug bleibt folgenlos,
da sie zu beliebig ist.
Handwerkszeug ohne Grundhaltung bleibt folgenlos,
da es zu technisch bleibt. ◀

Die gelungene Verbindung aus beiden Aspekten lässt sich so beschreiben:
Lehrerinnen und Lehrer wissen um die verschiedenen Entwicklungsverläufe, die Kinder durchlaufen müssen, um etwas zu erlernen. Diese dienen als Bezugsrahmen, um den individuellen Entwicklungsstand des einzelnen Kindes begründet einzuschätzen und die Lernvoraussetzungen der Lerngruppe zu ermitteln. Weiterhin verfügen sie über ein fundiertes Methoden- und Interventionsrepertoire, um diese Abläufe zu unterstützen.

„Darauf sind Schülerinnen und Schüler in ihrem entwicklungs- und fachbezogenen Lernen angewiesen. Und in diesem Sinne tragen Lehrerinnen und Lehrer als „Experten" in vielerlei Hinsicht Verantwortung.
Dennoch sind die Kinder keine Objekte, die sich passiv der Förderung zu unterziehen haben – was einen Begriff von Förderung als „Machbarkeit", des „Veranlassens von außen" suggerieren würde –, sondern als Gegenüber, zu denen die Lehrpersonen eine Beziehung aufbauen und gestalten und mit denen sie in einen Dialog treten, der auch die Frage umfasst: Was sagen die Schülerinnen und Schüler selber, was sie brauchen, um ihre Entwicklungs- und Lernprozesse aktiv zu gestalten? Und wohin wollen sie sich entwickeln, was wollen sie lernen? Da es sich dabei manchmal um sehr leise Hinweise handelt, bedarf es oftmals eines guten Gespürs, um genau hinhören und hinschauen zu lernen (SCHMISCHKE/BRAUN 2006, 345).

2.2 Dialog zwischen allen Verantwortlichen

Fördern ist ein Geschehen, an dem „zwei „Seiten" beteiligt sind: Zum einen gibt es das Kind, das gefördert wird. Zum anderen ist da die Lehrerin, die fördert. Daraus könnte man nun den Schluss ziehen, dass die Lehrpersonen die Experten sind und die Kinder die Problemträger. Das hätte zur Konsequenz, dass derjenige, der fördert, allein für den Förderprozess verantwortlich ist und dass derjenige, der gefördert wird, sich passiv dem Ganzen zu unterziehen hat. Daraus würde eine Schieflage mit der Gefahr entstehen, dass Probleme manifestiert werden oder neue Probleme entstehen:

„Ich als Experte sage dir als Problemträger, was das Beste für dich ist. Du musst nichts anderes tun, als mir zu vertrauen und auf mich zu hören."

Die Botschaft, die das Kind hört – vielleicht auch die Eltern – könnte lauten:

„Ich bin klein und hilflos und muss mich auch so verhalten."

Umgekehrt können sich auch Eltern auf den Standpunkt stellen, dass es alleinige Sache der Lehrerin ist, für das Fortkommen des Kindes zu sorgen, oder dass ein Kind keine aktive Bereitschaft mitbringt, eigene Verantwortung zu übernehmen.

"Vertraue mir, ich weiß genau, was gut für dich ist."

"Ich bin klein und hilflos."

Auch wenn eine solche Beschreibung plakativ und überspitzt anmutet, sollten sich doch alle am „Fördergeschehen Beteiligten" immer wieder die Frage stellen, inwieweit diese Haltung etwas Wahres enthält und wie groß die Bereitschaft ist, dies aufzulösen.

Eine Auflösung könnte folgendermaßen geschehen: Ich bin als Lehrerin, ich bin als Lehrer zwar fachkompetent für didaktische Fragen, für Methoden und Lern- und Unterstützungsangebote usw., aber ich teile die Verantwortung mit den Kindern, mit den Eltern, mit anderen Lernpartnern. Und ich versichere mich immer wieder durch einen dialogischen Prozess, was die Erwartungen, Ziele und Beiträge des Kindes und auch der Eltern sind.

> Fördern ist ein dialogisches Geschehen und dies umso effizienter, je mehr ich als Lehrperson das Kind (und auch die Eltern) mit in die Verantwortung nehme und auch das Kind für sich selbst sprechen lasse und nachfrage:
> - Welche Ziele hast du für dich?
> - Was meinst du, was dir beim Erreichen dieser Ziele hilft?
> - Was kannst du selbst tun?
> - Was möchtest du, was ich tue?
> - Was hältst du von diesen Vorschlägen?
> - Was davon vereinbaren wir hier und jetzt und wann besprechen wir, ob es geklappt hat?

2.3 Entwicklungs- und fachbezogenes Lernen

Schulische Tätigkeiten wie lesen, schreiben, rechnen bedürfen vieler Voraussetzungen. Dabei handelt es sich vor allem um kognitive Voraussetzungen wie Vorstellungsvermögen (sich die Menge 10 vorstellen und davon 5 abziehen), Abstraktionsvermögen (sich vom konkreten Inhalt lösen und formale Aspekte beachten: das Wort <Hund> fängt nicht mit dem Kopf an, sondern mit einem /h/), Gedächtnisleistungen (sich die Schreibweise von Wörtern merken) usw.

Daneben haben emotionale und soziale Voraussetzungen eine große Bedeutung: sich in einer Gruppe zurechtfinden, Spielregeln beachten, Interesse am Lernen entwickeln bzw. aufrechterhalten, Müdigkeit, Streit, Antipathie zurückzustellen usw. Gerade angesichts einer „veränderten Kindheit" mit immer seltener werdenden Bewegungsgelegenheiten und -erfahrungen rückt auch die Bedeutung der Sensomotorik als eine wichtige Voraussetzung für Lernen und Verhalten in den Mittelpunkt der Betrachtungen.

Insgesamt bezieht sich Fördern nicht nur auf die Inhalte der einzelnen Unterrichtsfächer (wie das Verfassen von Texten, Erfassen von Zahlbeziehungen, Lebensräume von Menschen, Tieren und Pflanzen), sondern auch auf die verschiedenen Entwicklungsbereiche: Sensomotorik, Sprache und Kommunikation, Emotionalität, Sozialverhalten sowie Kognition, aus denen sich wiederum verschiedene Entwicklungsaspekte und Teilaspekte ableiten lassen. Dies wird in der Übersicht auf Seite 40 deutlich.

Diese Bereiche sind entwicklungspsychologisch begründet und beschreiben die Entwicklungsaufgaben eines Menschen auf dem Weg zu einem selbstbestimmten und eigenverantwortlichen Leben. Die Strukturierung in einzelne Entwicklungsbereiche, Entwicklungsaspekte mit weiteren Teilaspekten, die sich wiederum immer weiter elementarisieren lassen, ist eine analytische Trennung eigentlich ganzheitlicher und interdependenter Vorgänge. Beispielsweise kann man das Erlernen von Sprache mit der damit verbundenen Begriffsbildung nicht von dem Bereich der Kognition trennen (Kategorienbildung). Aber die Verwendung von Sprache hängt ebenfalls stark von emotionalen Faktoren und nicht zuletzt von sozialen Aktivitäten ab. Außerdem sind in den artikulatorischen Aspekten sensomotorische Aktivitäten enthalten.

Melanie
Sie besucht seit einigen Wochen die Schule. Sie hat sich besonders darauf gefreut, schreiben zu lernen. Dennoch wirft sie bei den Schreibübungen oftmals den Stift hin – das kann auch mitten im Buchstaben sein. Sie wird wütend, dann beginnt sie zu

weinen. Erst als graphomotorische Übungen (in Form spielerischer Fingerübungen) zum festen Bestandteil jeder Schreibphase gehören und seitdem sie gelernt hat, diese nach Bedarf auch eigenständig durchzuführen, gelingt es ihr, die Schreibübungen zunehmend ausdauernder zu bewältigen.

Klasse 3a
Sie gilt als motiviert und leistungsstark. Seit einiger Zeit häufen sich jedoch Konflikte, die durch konkurrenzbedingte Spannungen zwischen einzelnen Kindern verursacht werden. Diese weiten sich allmählich auf die gesamte Klasse aus. In einer Sachunterrichtsreihe über Indianer bietet sich an, die Bedeutung von Kooperation und Gemeinschaftsgefühl zu thematisieren und mittels kooperativer Spiele unter dem Motto „Gemeinsam sind wir stark…" im Sportunterricht konkret erfahrbar zu machen. Um ebenso dem Bedürfnis nach Wettbewerb Rechnung zu tragen, schließen sich ein Schreib- und Malwettbewerb an, diesmal jedoch mit der neuen Erkenntnis, dass es Situationen gibt, die gemeinsam besser bewältigt werden können.

> Bei allen Entwicklungsbereichen und deren Teilaspekten darf nicht der Eindruck isoliert zu behandelnder Funktionsbereiche entstehen – ebenso wenig, wie die Unterrichtsfächer und die fachspezifisch daraus abgeleiteten Aufgabenbereiche die Wirklichkeit in ihren komplexen Zusammenhängen abbilden. Gleichwohl dient die Strukturierung der Übersicht und dem besseren Verständnis und ermöglicht es, Schwerpunkte zu setzen und Teilaspekte wie Konfliktverhalten, Selbstkonzept, Begriffsbildung genauer in den Blick zu nehmen und diese mit entsprechenden Fachinhalten anwendungsbezogen verknüpfen zu können (vgl. SCHMISCHKE/BRAUN 2006).

Sensomotorik

▶ Die zunehmende Ausdifferenzierung von Wahrnehmung und Motorik sowie der Aufbau der Integration lässt sich mit einem Baum vergleichen, der gedeiht, weil seine Wurzeln weitverzweigt und solide im Boden verankert sind (körpernahe Sinne) und der einen kräftigen Stamm hat (körperferne Sinne), der in der Lage ist, die Krone mit Blättern und Früchten zu tragen (kognitive Funktionen wie Aufmerksamkeit, Vorstellungsvermögen, Gedächtnis, etc.). ◀

Bei allen Aktivitäten werden über die Sinne Informationen aufgenommen, gefiltert, verstärkt, weitergeleitet, mit bereits bestehenden Mustern abgeglichen, verarbeitet und gespeichert, bevor es zu motorischen Reaktionen wie beispielsweise greifen, sprechen, hinsehen, weglaufen kommt, als deren Folge wiederum weitere Informationen aufgenommen werden. Man spricht von einem Sensomotorischen Regelkreis (vgl. LUCKFIEL/BRAUN 2004, 65).

Hierbei spielt eine intakte Wahrnehmung eine große Rolle: Wahrnehmung heißt, mit unseren Sinnen (Sehsinn, Hörsinn, Geruchs- und Geschmackssinn, Tastsinn) Reize aus unserer Umgebung aufzunehmen und zu verarbeiten, damit wir uns so verhalten können, wie es die Situation erfordert. Zu einem adäquaten Verhalten gehört es aber auch elementar, dass wir ein Gefühl für unsere Bewegung und die Stellung unserer Muskeln und Gelenke haben (kinästhetische Wahrnehmung) und feststellen können, in welcher Lage wir uns in Bezug auf die Schwerkraft befinden (vestibuläre Wahrnehmung).

> In der Schule beschränken wir uns oft darauf, kognitive Tätigkeiten als das eigentliche Lernen zu betrachten. Über die Bewegung und die Sinne werden ebenfalls viele Informationen und damit Inhalte vermittelt. Deshalb sollten wir den Kindern in allen Unterrichtssituationen viele Anregungen zu einem bewegten Lernen mit allen Sinnen ermöglichen.

Kognition

▶ Kognitive Prozesse wie Erkennen, Erinnern, Ordnen, Analysieren, Kombinieren, Planen, Entscheiden, Entwerfen gehören zu den Grundfunktionen der menschlichen Psyche. ◀

Entwicklungspsychologisch betrachtet erwachsen kognitive Prozesse aus konkreten Handlungen, die im Laufe der kindlichen Entwicklung allmählich durch mentale Operationen ersetzt werden. Der Ort der mentalen Operationen ist die Großhirnrinde (Neocortex). Alle Informationen, die unsere Sinnesorgane aus der Umwelt aufnehmen, werden nicht dokumentarisch wie in einem Film abgebildet, sondern durchlaufen verschiedene Stadien der Weiterverarbeitung in den verschiedenen tieferliegenden Hirnregionen, bevor sie dann auf der Großhirnrinde symbolisch repräsentiert werden: als Vorstellungen, Begriffe oder als Wissenskonzepte. Diese Prozesse können zum einen intuitiv und implizit ablaufen, zum anderen auch sehr logisch und systematisch sein. Infolgedessen unterscheidet man auch zwischen implizitem und explizitem Lernen.

2.3 Entwicklungs- und fachbezogenes Lernen

> In der Schule beschränken wir uns meistens darauf, die Denkprodukte der Kinder zu erfassen und zu interpretieren. Wir könnten aber auch die Kinder zur Selbstbeobachtung (s. Seite 84 ff.) oder gar zu lautem Denken anleiten.

Sprache

▶ Ein Wort, das das Kind nicht verstehen kann, ist wie ein Fenster, das sich nicht zu einer Erkenntnis öffnet.
Ein Satz, den das Kind nicht sprechen kann, ist wie ein Schlüssel, der zur Tür des anderen nicht passt. ◀

Sprachliche Tätigkeiten sind der Motor für die kognitive und auch die emotional-soziale Entwicklung. Durch die Sprache teilt sich der Mensch seinen Mitmenschen mit und formuliert Gedanken für sein inneres Leben. Heutzutage wird die Sprache in vielen Familien immer weniger genutzt. Umso wichtiger ist es für die Schule, sprachliches Lernen aufzugreifen und Lernfelder für die Kommunikation zu schaffen, die neben der Verständigung innerhalb der Lerngruppe auch **Modellcharakter** für die Verständigung insgesamt haben. Solche Lernfelder können sein: etwas erzählen oder erklären, etwas planen, etwas aushandeln und sich verständigen, um etwas bitten und einander helfen, einen Konflikt regeln und sich ggf. entschuldigen.

> Eine gezielte Förderung orientiert sich an folgenden Sprachebenen:
> phonetisch-phonologische Ebene
> syntaktisch-morphologische Ebene
> lexikalisch-semantische Ebene und
> kommunikativ-pragmatische Ebene.

Emotionalität

▶ Der Mensch ist geprägt von seinen Emotionen.
Die Verbindungen des limbischen Systems zur Großhirnrinde sind weitaus vielfältiger, als es umgekehrt die Verbindungen vom Großhirn zu den tiefersitzenden Gefühlsregionen sind. ◀

Kinder sind dabei offener und lernbereiter, aber auch lernbedürftiger als Erwachsene. Die Fähigkeit, die eigenen Gefühle zu verstehen und ggf. zu regulieren; anderen zuzuhören und sich in deren Gefühle hineinzuversetzen, Gefühle sinngerecht zum Ausdruck zu bringen – diese Fähigkeiten machen die emotionale Kompetenz eines Menschen aus. Diese bildet in engem Zusammenhang mit dem Sozialverhalten eine Voraussetzung für schulisches Lernen. Probleme eines Kindes, die hier ihren Ausgangspunkt haben (Schulangst, Motivationsschwierigkeiten, aggressives Verhalten, usw.), können den allgemeinen Lernerfolg komplett infrage stellen.

> Ohne therapeutische Anmaßung muss individuelle schulische Förderung den emotionalen Zustand eines Kindes als Fundament für Lernen in den Blick nehmen – insbesondere, wenn sich hier Schwierigkeiten abzeichnen.

Sozialverhalten

▶ Menschen sind ihrem Wesen nach soziale Wesen.
Sie brauchen den Kontakt und den Austausch mit anderen ebenso dringend wie Nahrung und Kleidung. ◀

Das Kind muss Fähigkeiten und Einstellungen erlernen, die es ihm ermöglichen, in unterschiedlichen Gemeinschaften zurechtzukommen. Obwohl eigentlich die Familie der primäre Ort zum Erlernen sozialer Kompetenz ist, wird diese Aufgabe zunehmend in die Schule verlagert. Ohne eine Basis an sozialen Fähigkeiten der Kinder wird das Lernen in der Gemeinschaft der Schulklasse nicht funktionieren. Das Aufstellen und Einhalten von Regeln, der Umgang mit Konflikten, der Aufbau von Kontakt und Beziehung sowie die Fähigkeit zu kooperieren sind somit die Basis für schulisches Lernen und gleichzeitig die Voraussetzung für eine erfolgreiche Teilhabe am gesellschaftlichen Leben.

> Die Förderung des Sozialverhaltens bezieht sich auf die gesamte Lerngruppe. Einzelne Kinder können aber spezielle Unterstützung benötigen. Für sie steht vielleicht die Förderung in diesem Bereich vor dem fachlichen Lernen, weil sie Letzteres ermöglicht.

Folgerungen für die Praxis

Es gibt Kinder, die bestimmte Entwicklungsabläufe oder Lernschritte noch nicht durchschritten haben oder überhaupt Schwierigkeiten haben, diese zu erlernen. Tätigkeiten, die andere mühelos und vollautomatisiert machen, kosten sie eine bewusste Anstrengung (mit der Schere schneiden/etwas lesen/auf einem Stuhl aufrecht sitzen/mit anderen Kindern in der Gruppe arbeiten). Bei der Unterrichtsplanung stellen sich deshalb immer zwei grundlegende Fragen:

1. Braucht ein Kind an einer bestimmten Stelle ein Unterstützungsangebot oder eine Entlastung, damit es die eigentliche Aufgabe, um die es vordergründig geht, bearbeiten kann?
2. Oder braucht es eine zusätzliche Förderung, damit es die noch nicht bewältigten Entwicklungsaufgaben Schritt für Schritt durchlaufen kann?

Dazu ein Beispiel: Ein Kind kann noch nicht vollautomatisiert und exakt schneiden. Im Unterricht geht es darum, Wortkarten auszuschneiden und in eine Tabelle nach Wortarten einzusortieren. Entweder gebe ich dem Kind einen Helfer zur Seite, der die Schneideaufgabe übernimmt, damit die eigentliche Aufgabe „Wortarten bestimmen" geübt wird. Oder ich mache zusätzliche Angebote, die dazu dienen, gerade die noch nicht beherrschte Technik des Schneidens zu üben.

Beide Möglichkeiten sind legitim und bieten Chancen, aber auch Risiken, die hier kurz skizziert werden: Entscheidet man sich für die erste Möglichkeit, hat das Kind die Chance – trotz bestimmter Schwierigkeiten –, im allgemeinen Lernstoff weiter mitzumachen und nicht auf einem bestimmtem Niveau „steckenzubleiben". Der Nachteil hierbei ist, dass ein Voranschreiten zu schnell geschehen kann und wichtige Schritte übersprungen werden.

Bei der zweiten Möglichkeit ist es genau umgekehrt: Das Kind hat die Chance, noch ausstehende Entwicklungsschritte durchlaufen zu können. Der Nachteil ist, dass es dadurch nicht zu weiterführenden Tätigkeiten gelangt.

2.4 Übersicht über die Entwicklungsbereiche

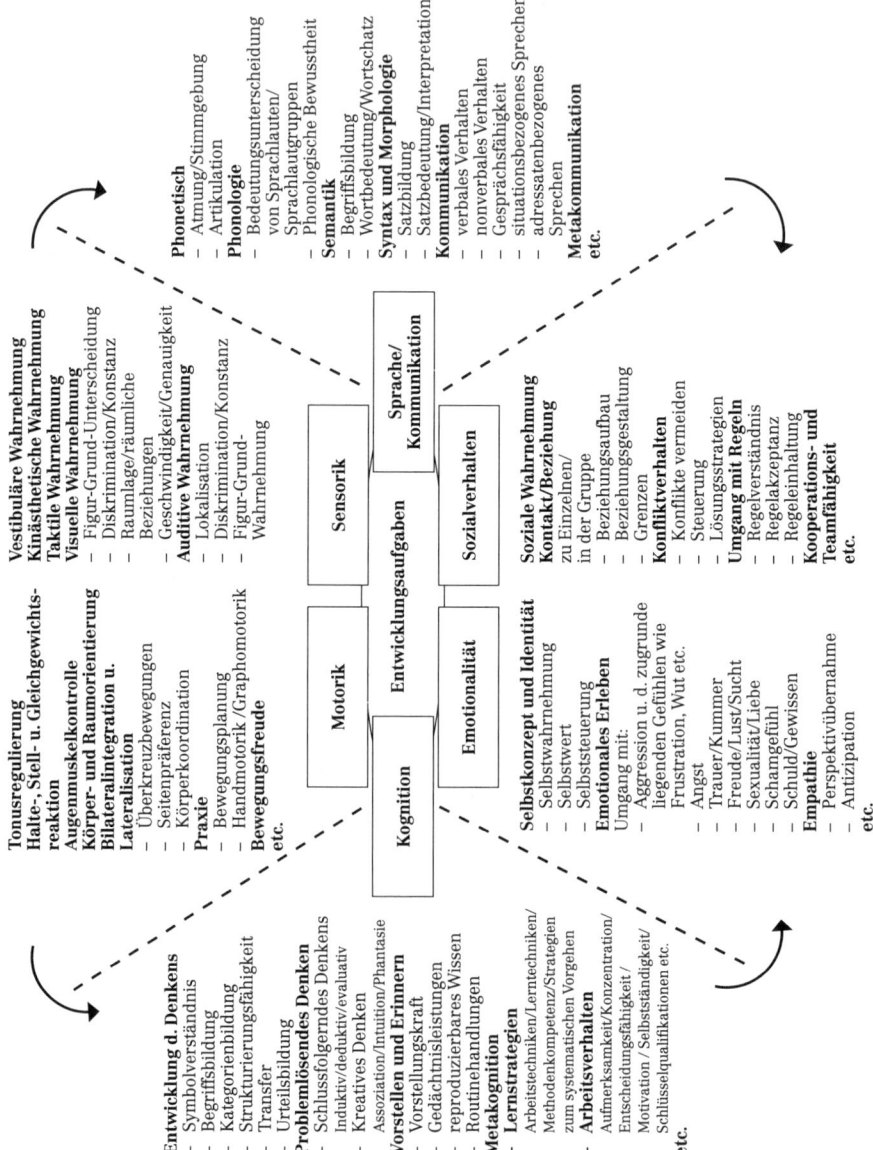

Schmischke, J./Braun, D.: Entwicklungsaufgaben im Förderschwerpunkt Lernen. In: Zeitschrift für Heilpädagogik 9/2006

3 Förderdiagnostik

Förderdiagnostik befähigt Lehrerinnen und Lehrer dazu, heterogene Lerngruppen individualisierend zu unterrichten. Sie kann im pädagogischen Kontext drei wichtige Funktionen erfüllen und dient damit der individuellen Lernweggestaltung:
- Sie ermöglicht die bestmögliche Balance der individuellen Lernausgangslage von Schülerinnen und Schülern und dem Lernangebot im Unterricht.
- Sie ermöglicht das frühzeitige Erkennen von tendenziellen Lern- und Entwicklungsstörungen und ein rasches und effektives Vorbeugen.
- Sie ermöglicht konkretes Handeln im Falle bereits eingetretener Probleme.

Die Grundsätze und Herangehensweisen der Förderdiagnostik sind vor dem Hintergrund des Paradigmenwechsels zu verstehen, der inzwischen in der Diagnostik stattgefunden hat. Nicht mehr das Messen und Festschreiben sogenannter unveränderlicher Eigenschaften eines Menschen – besonders auch seiner Defizite –, sondern das vorläufige und immer wieder als Hypothese verstandene Erfassen und Verstehen seiner Entwicklung, seines Handelns, seiner Lösungsstrategien stehen im Vordergrund der (Förder-)Diagnostik. Eng verbunden mit dieser geänderten Sichtweise ist das zuvor beschriebene Verständnis von Lernen und Fördern: Es geht um eine Weiterentwicklung und Unterstützung individueller fach- und entwicklungsbezogener Lernprozesse.

> Lern – und Entwicklungsschwierigkeiten, die über längere Zeit bestehen und die ein Kind allein oder mit den üblichen unterrichtlichen Methoden nicht überwinden kann, erfordern ein differenziertes Vorgehen und weitergehende Hilfen. Dabei zielt Förderdiagnostik auf Veränderung von Lernprozessen ab.

3.1 Förderdiagnostik als Lernprozessdiagnostik

Der Begriff Diagnostik darf im pädagogischen Umfeld nicht synonym mit Begrifflichkeiten aus dem medizinischen oder klinisch-psychologischen bzw. psychiatrischen Bereich verstanden werden. Diese sind eher defizitorientiert und sehen Menschen als Symptomträger an, deren einzelne Fehlfunktionen behandelt werden müssen.

Förderdiagnostik ist Lernprozessdiagnostik und bleibt daher nicht beim Erfassen des momentanen Lern- und Entwicklungsstandes stehen, sondern sucht die Zone der nächsten Entwicklung. Dies kann eine entfaltete Kompetenz innerhalb der momentanen Entwicklungsstufe sein oder ein qualitativer Sprung zur nächsten Entwicklungsstufe. Um diese Zone zu erreichen, werden geeignete Hilfen und unterstützende Angebote ermittelt. Auch dies ist kein kausales „Wenn-dann-Geschehen", sondern ein hypothesengeleitetes Vorgehen, das man immer wieder überprüfen und modifizieren muss.

In der Deutschdidaktik hat sich gerade durch den Spracherfahrungsansatz die Auffassung von der Lernentwicklung gründlich geändert. Die Phase des Schriftspracherwerbs gilt demnach als ein hypothesengeleitetes Probehandeln mit dem Ziel der Verständigung und des Austausches. Kindliche Formen der Schreibung werden als Kompetenzstufen verstanden, die in gewisser Weise aufeinander aufbauend durchlaufen werden, bis die Entwicklungsaufgabe schließlich bewältigt ist. Dies ist jedoch nicht als linear fortschreitende und damit zwingende Abfolge zu verstehen, sondern im Gegenteil: Kinder bevorzugen verschiedene Strategien in unterschiedlichen Situationen, wobei sie verschiedene Strategien auch parallel verwenden.

Paula – wenige Wochen in der Schule – schenkt ihrem Vater ein mit Zeitungsausschnitten beklebtes Blatt, auf dem mit großen Druckbuchstaben steht: < SAITON >.

Fragt man, über welche Kompetenzen das Kind bereits verfügt (über die andere Kinder möglicherweise noch nicht verfügen und durch geeignete Lernangebote noch erwerben müssen), so kommt man auf einige Nennungen: Paula versteht den Gebrauchs- und Kommunikationswert von Schriftsprache und agiert damit in sinnvollen Bezügen. Sie weiß, dass das zu schreibende Wort Zeitung aus verschiedenen Elementen (Graphemen) besteht, von denen sie immerhin sechs von sieben aufs Papier bringt. Dies konnte sie tun, weil sie aus der Lautklangfolge des Wortes Einzellaute diskriminieren konnte, wobei die Laute / u / und / o / sich nur geringfügig voneinander unterscheiden, sodass Paula sich hier für das Graphem < o > entschieden hat. Die Verschriftlichung erfolgt auf der Stufe der entfalteten alphabetischen Strategie, d.h., Konsonanten und alle Vokale werden geschrieben (andere Kinder hätten vielleicht SAITN geschrieben). Paula kann weiterhin die Schreibrichtung einhalten und die Buchstaben als graphisches Muster korrekt präsentieren.

Der Wert des Fehlers

Mithilfe der Förderdiagnostik nimmt die Lehrerin die kindlichen Lernprozesse systematisch in den Blick und versucht, Lösungen und Handlungen aus der Perspektive des Kindes heraus zu verstehen. Ein solcher Perspektivwechsel bedarf einer bewussten, konzentrierten Vorgehensweise und einiger Übung.
In einer derartigen konstruktivistischen Sichtweise kommt auch den kindlichen Fehlern eine erkenntnisleitende Funktion zu. Man betrachtet sie als „das Ergebnis eines angestrengten Denkens des Kindes" (LORENZ 2003, 17). Eine derartige Sichtweise sollte auch dann – sozusagen als eigenes Korrektiv – angelegt werden, wenn auf den ersten Blick keine sinnhafte Erklärung möglich erscheint oder wenn die Gefahr besteht, dass sich vorschnelle Erklärungsmuster in den Vordergrund schieben:

Carla zeigt in vielen Situationen ein eher unkonzentriertes Verhalten. Ohne lange nachzudenken, verkündet sie Ergebnisse, die dann einer genauen Überprüfung nicht standhalten.
In einer Übungsstunde rechnet sie: 6 mal 8 = 46
Nimmt man an, dass das Ergebnis aufgrund des unkonzentrierten Verhaltens zufällig entstanden ist, würde man Carla vermutlich daran erinnern: „Pass besser auf. Konzentrier dich bitte."
Stellt man sich aber die Frage „Was kann das Kind schon, was macht es noch falsch?" und beobachtet es weiter, ergibt sich eine andere Vermutung. In diesem Fall wurde die nächste Aufgabe gelöst: 6 mal 9 = 51
Erkennen Sie das Lösungsschema von Carla?

Die Perspektive des Kindes

Um die kindliche Perspektive nachvollziehen zu können, bedarf es manchmal unserer eigenen kreativen Herangehensweise. Wir sind z.B. so sehr gewöhnt, Mengen nach ihrer quantitativen Mächtigkeit zu beurteilen, dass es uns nicht mehr auffällt, wenn eine andere Sichtweise genauso sinnvoll sein könnte. In dem folgenden Beispiel geht Nicole von der Größe der Fläche aus, die durch die Plättchen bedeckt werden.

Auf die Frage „Wo ist mehr?" zeigt Nicole auf den linken Kasten.

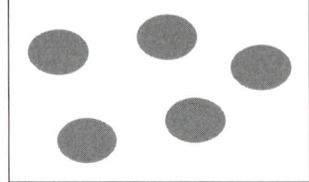 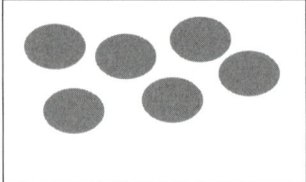

Auch ein Kind, das < Manndariene > schreibt, macht nicht wirklich einen Fehler. Es hat nur noch nicht gelernt, dass es in unserer Orthografie sehr unterschiedliche Vereinbarungen zur Notation kurz oder lang gesprochener Phoneme gibt. Interessant ist in diesem Zusammenhang das Sprachverständnis von Kindern, die Deutsch als Zweitsprache sprechen. So nimmt Giulio auf die Aufforderung der Lehrerin „Beschreibt das Geobrett!" einen Stift zur Hand und beginnt auf dem Brett zu schreiben. Und Emine wundert sich, was mit dem Haus ist, wenn das Auto nach einem Unfall „auf dem Dach liegt".

Manchmal zeigt uns die Perspektive des Kindes die Logik seines eigenen Denkens und spiegelt uns, dass unsere Systeme und Begriffe nicht ausschließlich logisch begründet sind, sondern beispielsweise historisch:

„Die fünfjährige Sarah kann schon recht gut zählen. Stolz sagt sie die Zahlenwörter bis 95 auf und fährt fort: ‚96; 97; 98; 99; hundert; einhundert; zweihundert, dreihundert.' ‚Nein, nein, das stimmt nicht. So weit kannst du noch gar nicht zählen. Es heißt hunderteins, hundertzwei, hundertdrei', wird sie von ihrer Mutter unterbrochen" (SPIEGEL/SELTER 2003, 12).

Möglichkeiten, um die Perspektive des Kindes zu verstehen

Um Handlungen, Ergebnisse und Lösungen aus der Perspektive des Kindes zu verstehen, sind Aufgaben geeignet, die die Kriterien Informativität, Prozessbezogenheit und Offenheit erfüllen (vgl. SUNDERMANN/SELTER 2006, 74-106). Die Autoren nennen für das Fach Mathematik eine Fülle von geeigneten Aufgaben, wobei sich die förderdiagnostische Grundidee auch auf andere Fächer übertragen lässt: *Anstatt ein eindeutiges Ergebnis abzufragen, spielt die Vorgehensweise der Kinder eine Rolle.*

Informativität

Das ist u. a. dann gegeben, wenn man auf dem Arbeitsblatt Platz für Erläuterungen lässt. Weiterhin sollte Platz für Nebenrechnungen oder Zeichnungen sein (bezogen auf Mathematik) sowie für Ideenbildung und Planungsüberlegungen (bezogen z. B. auf die Schreibplanung in Deutsch oder die Hypothesenbildung im Sachunterricht). Eine andere Möglichkeit ist es, die Kinder explizit aufzufordern, das eigene Vorgehen zu erläutern – dies dient gleichzeitig der Förderung, denn es regt die Kinder zu bewusstem Handeln anstelle von schematischem, eher gedankenlosem Abarbeiten von Aufgaben an.

Prozessbezogenheit

Diese ist u. a. dann gegeben, wenn man den Kindern Aufgaben vorlegt, bei denen sie Zusammenhänge erkennen und übertragen müssen, eigene Überlegungen beschreiben oder Begründungen angeben sollen.

Offenheit

Diese ist u. a. dann gegeben, wenn man den Kindern Aufgaben vorlegt, die mehr als eine plausible Herangehensweise oder mehr als eine Lösung zulassen (Forscheraufgaben, Experimentieraufgaben, Knobelaufgaben etc.).

> Aufgaben, die informativ, prozessbezogen und offen sind, lassen den Entwicklungsgang des Lernens erkennen. Die sich daraus ergebenden individuellen Lernhilfen stellen die geforderte Zusammengehörigkeit von Diagnostik und Förderung tatsächlich her. Dabei gehen Sie in folgendem Dreischritt vor:
> - **Beobachtung**
> - **Hypothesen über Hintergründe**
> - **Dialog und gemeinsame Reflexion mit dem Kind**

Beobachtung

- Wie bereitet sich das Kind auf die Aufgabe vor?
- Wie beginnt es?
- Wie geht es weiter vor?
- Was äußert es während seines Tuns?
- Welche Hilfsmittel zieht es heran (die eigenen Finger, Papier und Bleistift, Anschauungsmittel etc.)?
- Welche Handlungsabfolgen erkenne ich?
- Was macht es, wenn ich leichte Hilfen gebe?
- Wie reagiert es, wenn es nicht weiter weiß?
- Lässt es sich ablenken? Wodurch?
- Wie beendet es seine Aufgabe?

Hypothesen über die Hintergründe
- Was will das Kind damit erreichen?
- Was ist der Motor der Handlung?
- Welches Wissen aktiviert es?
- Welche Kenntnisse aus anderen Bereichen zieht es heran?
- Welche Strategien verwendet es?
- Kann es Strukturen und Schemata seiner Vorgehensweise erkennen?

Dialog und gemeinsame Reflexion mit dem Kind
- Wie erklärst du dein Tun? Wozu bist du so vorgegangen?
- Hättest du auch anders vorgehen können? Warum hast du dich dagegen entschieden?
- Hast du vorher schon einmal ähnliche Aufgaben gemacht, an die du dich erinnert hast?
- Gibt es Regeln, die du angewendet hast?
- Kannst du sie benennen?

3.2 Ganzheitliche und kompetenzorientierte Förderdiagnostik

Menschliches Verhalten wird von vielen verschiedenen Faktoren beeinflusst. Eine ganzheitliche Diagnostik erfasst die Gesamtpersönlichkeit eines Menschen und sollte deshalb möglichst viele der folgenden Bereiche beachten:
- Fähigkeiten, Stärken, Neugier, Vorlieben, Interessen
- Abneigungen, Vermeidungen
- Aspekte aus den Entwicklungsbereichen Sensorik, Motorik, Sprache, Emotionalität, Sozialverhalten, Kognition
- Aspekte aus den Fächern und den einzelnen Lernbereichen
- familiärer Kontext, biografischer Hintergrund, schulischer Werdegang
- medizinische Besonderheiten

Eine ganzheitliche Sichtweise verlangt auch, Stärken und Schwächen in den Blick zu nehmen. Dieser Gedanke führt in zwei Richtungen:
Zum einen: Man fragt grundsätzlich, was denn das Kind ausmacht: Was sind seine Besonderheiten? Ein Kind, das Schwierigkeiten im logisch-analytischen Denken hat, wird sich vermutlich schwerer tun als jemand anders, Regelhaftigkeiten im Mathematikunterricht zu entdecken. Vielleicht wird es jedoch sehr gute und kreative Beiträge zum problemlösenden

Denken liefern, beispielsweise bei Knobelaufgaben. Eine Zuschreibung als „schlechter Mathematiker" wird diesem Kind vermutlich die Zuversicht und Freude an unorthodoxen Lösungsvorschlägen nehmen.

Zum anderen: Es nützt auch bei eindeutig bestehenden Schwierigkeiten (die es ehrlich zu benennen gilt) nicht, das Nichtkönnen lediglich festzustellen. Man muss vielmehr sehen, auf welcher Stufe das Kind im Lernprozess steht. Dabei steht die Frage im Vordergrund: Was kann das Kind schon? Und wo geht Können in Nichtkönnen über? Dies ist der Bereich, von dem aus Sie in überschaubaren Schritten weiterdenken und handeln können.

Was kann das Kind schon?
Hypothesen über den aktuellen Entwicklungsstand
↓
Was soll es als Nächstes lernen?
Zone der nächsten Entwicklung
↓
Was ist dabei der nächste Schritt?
Hypothesen über daraus abzuleitende Konsequenzen
↓
Wie kann ich dies unterstützen?
Hilfen/Unterstützungsangebote/weiterführende Angebote

4 Vorgehensweise der Förderdiagnositk

Um Daten zu erheben, die zu Hypothesenbildung und Erkenntnisgewinnen führen, bedient man sich der Mittel und Vorgehensweisen der Förderdiagnostik. Diese sieht verschiedene Möglichkeiten vor: Gespräche mit dem Kind, den Eltern, den Kolleginnen und Kollegen oder anderen Beteiligten sowie Fehleranalysen (z. B. bei Lernstandserhebung und Testverfahren) und Verhaltensbeobachtungen im Unterricht. Letztere ist Ihr wichtigstes Instrument, da sie sich ökonomisch und vielseitig durchführen lässt. Die Hypothesen selbst werden auf der Grundlage des pädagogischen, didaktischen und psychologischen Fachwissens nach dem Motto gebildet: Man sieht nur das, was man weiß.

4.1 Beobachtung als Instrument

Die Beobachtung ist das wichtigste und effektivste Instrument der Förderdiagnostik. In der Schule ist es möglich, ein Kind umfassend und über einen längeren Zeitraum hinweg ins Auge zu fassen, um so vielschichtige Informationen über seinen Lern- und Entwicklungsprozess zu gewinnen. Ich kann ein Kind während der Einzel-, der Partner- und der Gruppenarbeit beobachten. Ich sehe es im Umgang mit Gleichaltrigen und mit Erwachsenen. Es handelt in der eher geordneten Unterrichtssituation und im freien Spiel in der Pause. Ich erlebe es im Sportunterricht in Bewegung, im Mathematikunterricht in kognitiven Prozessen, im Deutschunterricht im Umgang mit Sprache sowie in den musischen Fächern kreativ agierend.

Dabei gilt es, einige Grundlagen zu beachten.

- **Beobachtungen und die daraus gewonnenen Erkenntnisse sind subjektiv.**
  Statt langer Erklärungen soll hier eine Geschichte die These anschaulich verdeutlichen:

4.1 Beobachtung als Instrument

Der Gelehrte und sein Schüler sitzen zusammen. Es klopft, ein Ehepaar kommt herein und ruft: „Gelehrter, du musst uns helfen! Unsere Ehe ist eine Katastrophe, wir brauchen deinen Rat." Der Gelehrte bittet den Mann hinauszugehen und die Frau zu erzählen. Die Frau berichtet, wie es in der Ehe so zugeht, was ihr Mann alles tut und nicht tut und schließt mit den Worten: „Siehst du, Gelehrter, mein Mann ist schuld, dass unsere Ehe im Eimer ist." Der Gelehrte hört sich alles an, denkt nach und nickt: „Du hast recht." Dann verlässt die Frau das Zimmer, der Mann kommt herein und erzählt von der Ehe und besonders davon, was seine Frau alles falsch macht. Auch er schließt mit den Worten: „Siehst du, Gelehrter, meine Frau ist schuld, dass unsere Ehe so schlecht ist." Der Gelehrte hört wiederum zu, denkt nach und nickt: „Du hast recht." Der Schüler stutzt und schaut den Gelehrten empört an: „Gelehrter, die Frau erzählt das komplette Gegenteil des Mannes und Du sagst beiden, sie hätten recht. Das kann doch wohl nicht wahr sein." Darauf sagt der Gelehrte nach einer Zeit des Nachdenkens: „Du hast recht."

Resümee: Beobachtungs- und Wahrnehmungsprozesse geschehen keinesfalls unvoreingenommen. Bei jeder Beobachtung gewinne ich einen Eindruck von einem Kind. Dieser Eindruck ist absolut individuell. Menschen sind Subjekte und keine Objekte und können von daher nicht wirklich objektiv sein. Nur ich nehme das Kind in dieser Art wahr. Dies geschieht auf der Grundlage meiner Erfahrungen, Erwartungen, Relevanzen und Interpretationen im Abgleich mit meiner Lebenswelt. Andere erleben das Kind vielleicht in Nuancen oder auch ganz anders. Jeder hat mit seiner Wahrnehmung recht.

- **Beobachtungen und die daraus gewonnenen Erkenntnisse sind selektiv.**
Auch hierzu wieder eine Geschichte:
Einige neugierige Touristen besuchen ein Urwalddorf und bestaunen alles, was es zu erkunden gibt. In einer besonders dunklen Nacht kommen sie nach einer Wanderung einer nach dem anderen aus dem Wald. Der Erste ruft: „Ich bin einem Elefanten begegnet! Er ist sehr hart und nach vorne hin spitz zulaufend." „Unsinn", sagt der Zweite, „ein Elefant ist hoch und sehr breit." Ein Dritter entgegnet: „Also, ich bin mir ganz sicher: Ein Elefant ist lang und weich und hat ganz vorn zwei Löcher." „Aber nein", ruft der Vierte, „der Elefant besteht doch ganz eindeutig aus vier dicken, wulstigen Säulen!"

Resümee: Bei jeder Beobachtung gewinne ich einen Eindruck eines Kindes, ohne jedoch zu beanspruchen, das Kind in seiner Gesamtheit wahrnehmen zu können. Das Kind agiert in diesem Kontext und dieser Situation so. In einer anderen Umgebung, z. B. mit einer anderen Lehrerin und mit anderen Klassenkameraden, würde es eventuell ganz anders handeln. Auch zu Hause oder in einem Sportverein kann das Kind weitere Nuancen von sich zeigen. Zudem ist unsere Aufnahmekapazität bei der Verarbeitung von Informationen eingeschränkt: Wir können nicht alle Geschehnisse in der Klasse gleichzeitig wahrnehmen, wir wenden uns nur bestimmten Ereignissen zu, und wir erinnern uns auch nur an einzelne Sequenzen.

Beide Aspekte – die Subjektivität und die Selektivität von Beobachtungen – können dazu führen, dass in Gesprächen über Kinder mit Kollegen oder Eltern der Eindruck entsteht, man spreche von völlig unterschiedlichen Personen. Entscheidend ist, alle Aspekte als Puzzlesteinchen einer Gesamtpersönlichkeit zu akzeptieren und auch die jeweils andere Darstellung als „Wahrheit" anzuerkennen.

Beobachtungsfehler

Während einer Beobachtungssituation unterliegt man verschiedenen, häufig vorkommenden Fehlern. Aus diesem Grund sollte man sich folgende Fehlermöglichkeiten vor Augen halten:

Halo- oder Hof-Effekt

Dies bedeutet die Verfärbung der Einschätzung. Darunter versteht man die Tendenz, bei der Beobachtung von Personen von einzelnen, auffallenden Merkmalen auf andere Wesenszüge oder auf die Gesamtperson zu schließen. „Blondinen sind dumm ... Frauen können nicht einparken ..." sind typische Beispiele hierfür.

Überlegen Sie, ob analoge Einschätzungen auch bei Ihnen zutreffen könnten: Max ist ein interessierter, fleißiger und guter Rechner. Dass er im Bereich Lesen eher lustlos vorgeht, wird durch das gute Rechnen verfärbt, und man schreibt ihm auch hier eher gute Leistungen zu.

Milde- oder Strenge-Effekt

Darunter versteht man die Tendenz, Personen, die einem sympathisch sind, besser zu beurteilen als solche, die einem unsympathisch sind. Im negativen Fall kann dies zu einer strengeren Beurteilung führen.

Klären Sie für sich Ihre Einstellung zu diesem Kind. Überlegen Sie immer, was sie an ihm schätzen, aber gestehen sie sich auch ein, wenn es ihnen nicht so sehr liegt. Auf der Basis dieser Erkenntnis kommen Sie zu einer realistischen Einschätzung.

Rosenthal-Effekt oder self-fulfilling-prophecy

Die Psychologen Rosenthal und Jacobsen gelangten aufgrund von Experimenten zu dem Ergebnis, dass Entwicklung, Leistung und Verhalten auch davon abhängig sind, welche Erwartungen man in Personen steckt.

Fragen Sie sich selbst kritisch: Eine Ihrer Schülerinnen ist die Tochter eines Universitätsprofessors und einer Leistungssportlerin. Erwarten sie von ihr andere und mehr Leistungen als vom Sohn des KfZ-Mechanikers und der Hausfrau? Und: Sehen Sie nicht gerade bei ihrem schwierigen Schüler viel eher erneutes problematisches als adäquates Verhalten?

4.2 Effektive Lernprozessbeobachtungen

Eine gewinnbringende Beobachtung ist stets mehr als bloßes Zusehen und Feststellen. Um effektiv, d. h. handlungsleitend zu sein, muss die Verhaltens- und Lernprozessbeobachtung zielgerichtet, differenziert, sachlich und methodisch sein:

Zielgerichtet

Ich beobachte innerhalb eines klar definierten Beobachtungsrahmens und zu einem bestimmten Zweck. Ziele meiner Beobachtung können zum Beispiel sein:
- Einer Schülerin oder einem Schüler gezielte Hilfe zu verschaffen. Dies kann sich auf entwicklungsbezogene oder fachbezogene Lernprozesse beziehen.
- Einer Lerngruppe das ihr entsprechende methodische oder mediale Vorgehen – sowohl bezogen auf ihren gemeinsamen Lernprozess als auch auf ihre soziale Struktur – zu ermöglichen.
- Einem Gespräch mit Eltern oder Kollegen eine solide Grundlage zu geben (Schullaufbahnberatung, Wechsel des Förderortes, Hinzuziehen außerschulischer Fachkräfte).

Dazu entwickle ich eine Ausgangshypothese, plane und gestalte eine Beobachtungssituation und bin mir möglicher Konsequenzen bewusst.

Ausgangshypothese:
Michael ist Schüler des 1. Schuljahres. Bei Bastelarbeiten vermeidet er – wann immer möglich – den Einsatz einer Schere.

Ich bin mir nicht sicher, ob er im Umgang mit ihr einfach ungeübt ist oder ob er handmotorische Schwierigkeiten hat oder seine Lateralität noch nicht so entwickelt ist, dass er den Gebrauch der Schere bewältigen kann. Möglicherweise fand er auch bisher Bastelsituationen vor, denen er weder Sinn noch Anreiz abgewinnen konnte.

Ziel der Beobachtung:
Ich möchte ihm ermöglichen, sich erfolgreich am Laternenbasteln zu beteiligen. Eine Wahrnehmungsbeeinträchtigung und handmotorische Schwierigkeiten schließe ich aus, da er im Umgang mit Stiften und Pinsel recht geschickt ist.

Beobachtungssituation:
Ich überlege mir eine Bastelsituation, die ihm Spaß machen wird oder deren Produkt ihn interessiert und schließe somit Motivationsblockaden aus. Während alle anderen Schülerinnen und Schüler dasselbe tun, schaue ich Michael sehr genau bei der Arbeit zu und befrage ihn zu seinem Vorgehen.

Konsequenzen/Förderung:
Sollte sich meine Vermutung bestätigen, dass keine handmotorischen Entwicklungsverzögerungen vorliegen, die ein anders Förderprogramm verlangen, sondern dass ihm lediglich die Übung fehlt, lasse ich ihn in den nächsten Wochen so viel schneiden wie möglich.

Differenziert

Ich beobachte vielschichtig und tiefgehend. Dabei nehme ich auch Aspekte wie Motivation und individuelle Sinnhaftigkeit in den Blick.

Serhat hält sich nicht an die Klassenregeln. Er ruft hinein und läuft herum. Bevor ich nun davon ausgehe, dass Serhat sich nicht an Regeln halten kann, stelle ich weitergehende Überlegungen und Beobachtungen an:

Mögliche Fragen sind:
- Hat er die Regeln verstanden? Machen sie einen Sinn für ihn?
- Haben die Konsequenzen einen Wert für ihn?
- Gibt es Situationen, in denen er sich durchaus an Regeln hält, diese sogar einfordert, z. B. beim Fußballspiel im Sportunterricht?
- Welchen Ertrag hat er davon, sich nicht an die Regeln zu halten?

Sachlich

Ich gehe sachorientiert vor. Das heißt, ich bin mir meiner Erwartungen, Einstellungen und Interessen bewusst und lasse diese weitestgehend außen vor. Ich vermeide Willkür und Beliebigkeit. JÜRGENS (2000, 50f.) spricht in diesem Zusammenhang von „kontrollierter Subjektivität": Einsicht in die Subjektivität des eigenen Urteils und die Bereitschaft, es zu revidieren, Fähigkeit zur Selbstkritik und die Trennung einer Leistung und ihrer Bewertung. Dabei bin ich mir auch bewusst, dass ich in einer zwiespältigen Rolle bin: Ich beobachte und bin gleichzeitig (strukturierender, unterrichtender) Teil der Situation. Dadurch stehe ich der Situation nicht völlig neutral gegenüber, auch wenn Sachlichkeit gefordert ist.

Methodisch

Ich wähle eine geeignete Beobachtungsmethode aus. Es stehen hierzu Screenings, Einzeltestverfahren, Beobachtungsbögen usw. zur Verfügung. Insbesondere gilt es zwischen strukturierten (vorgegebenen) Verfahren und halbstrukturierten auszuwählen. Es empfehlen sich Verfahren, die sich gut in den eigenen Unterricht einpassen und die man zeitsparend auswerten kann. Außerdem bietet es sich an, überwiegend solche Situationen zu arrangieren, in denen die gesamte Klasse involviert ist. Während alle Kinder sich beteiligen, beobachten Sie eines oder einige wenige ganz gezielt. Eventuell darüber hinaus notwendige Einzeltests können in Fördersituationen durchgeführt werden.

4.3 Die strukturierte Beobachtung

Bei der strukturierten Beobachtung bedient man sich eines vorgegebenen Beobachtungsverfahrens. Derartige Verfahren sind für eng begrenzte Lern- und Entwicklungsbereiche mit klaren Beobachtungseinheiten entwickelt. Sie folgen einem vorgegebenen Handlungsplan. Sie verbinden entweder die Diagnose unmittelbar mit der Förderung oder bieten anschließende Handlungsangebote.

Beispiele

- Die Abenteuer der kleinen Hexe – SCHÖNRADE/ PÜTZ 2003 – (Bewegung und Wahrnehmung)
- Rundgang durch Hörhausen – MARTSCHINKE/KIRSCHHOCK/FRANK 2003 – (Phonologische Bewusstheit)
- Münsteraner Screening zur Früherkennung von Lese-Rechtschreibschwierigkeiten – MANNHAUPT 2006
- Hamburger Schreibprobe – MAY 2002 – (Rechtschreibung)
- Kalkulie Diagnose- und Trainingsprogramm für rechenschwache Kinder – FRITZ/GERLACH/RICKEN 2006

4.4 Die halbstrukturierte Beobachtung

Bei der halbstrukturierten Beobachtung schafft der Beobachter sich selbst einen Beobachtungsrahmen und ein Beobachtungsziel. Er orientiert sich dabei individuell am Kind und seinem sozialen Umfeld. Der Beobachtungsrahmen ermöglicht den Kindern Problemlöseverhalten (mit vorstrukturiertem Material, Testmaterial, in Unterrichtssituationen z. B. während einer Spielhandlung).

Diese Form der Beobachtung hat den Vorteil, dass sie unterrichtsimmanent geschehen kann: Alle Kinder beteiligen sich z. B. an einer Mitmachgeschichte, Sie haben jedoch besonders diejenigen Kinder im Auge, die Ihnen auch schon in anderen Situationen aufgefallen sind. Auch hier verbindet sich zumeist die Diagnose bereits mit der Förderung. Und seien Sie unbesorgt: Kindern, die keinen Förderbedarf haben, macht es im Zweifel einfach nur Spaß.

Beispiele

Viele gängige Spiele wie „Mensch ärgere dich nicht" bieten breitgefächerte Beobachtungsmöglichkeiten zu verschiedenen Aspekten wie beispielsweise:
- Umgang mit Regeln
  Hat das Kind verstanden, wann es jemanden „rauswerfen" darf (Regelverständnis)? Akzeptiert es die Regeln? Übrigens: Wer erfolgreich pfuscht, muss alle Regeln sehr gut begriffen haben.
- Konfliktverhalten
  Wie reagiert das Kind, wenn es von einem oder mehreren Mitspielern verfolgt oder kurz vor dem Ziel geworfen wird?
- Emotionales Erleben
  Wie reagiert das Kind, wenn es vor dem „Häuschen" steht und doch noch jemand an ihm vorbeizieht (Frustrationstoleranz)? Freut das Kind sich angemessen über Erfolge (Selbststeuerung)?
- Arbeitsverhalten
  Kann das Kind seine Aufmerksamkeit so beständig auf den Spielverlauf richten, dass ihm nichts Wesentliches entgeht?
- Problemlösendes Denken
  Trifft das Kind Entscheidungen und setzt sie gezielt? Geht es strategisch vor?
- Fingerkinästhesie
  Schafft das Kind es, Material wie Spielfiguren so zu ergreifen und zu führen, dass es andere Figuren nicht umwirft (Pinzettengriff)?

- Mathematisches Verständnis (Zählen, Bündelung von Mengen, z. B. bei einer gewürfelten sechs vom Start aus erst in einem Vierschritt und dann noch zwei dazu)

Rollenspiele

Kinder spielen gerne Stegreifrollenspiele. Ohne großes Textlernen gestalten sie eine Situation, z. B. eine Fabel oder ein Märchen. Diese Situationen bieten Ihnen vielfältige Beobachtungsmöglichkeiten:
- Kommunikation
- Soziale Wahrnehmung
- Konfliktverhalten
- Emotionales Erleben
- Kreatives Denken

Konstruktionsspiele

Das Spielen mit Lego oder Playmobil-Material ist bei Kindern sehr beliebt. Lassen Sie Ihre Schülerinnen und Schüler in kleinen Gruppen frei bauen oder auch Modelle nachgestalten. Beobachten können Sie hier u. a. folgende Aspekte:
- Visuelle Wahrnehmung
- Taktile Wahrnehmung
- Händigkeit
- Handlungsplanung (Praxie)
- Räumliches Vorstellungsvermögen
- Ausdauer
- Fantasie
- Kombination

Malen/Zeichnen/plastisches Gestalten

Sie wissen aus eigener Anschauung, wie unterschiedlich Ihre Schülerinnen und Schüler hier vorgehen. Beobachten Sie einzelne Kinder während des Arbeitsprozesses und sehen Sie sich die fertigen Produkte genauer an. Sie gewinnen Informationen zu folgenden Aspekten:
- Visuelle Wahrnehmung
- Taktile Wahrnehmung
- Bilateralintegration und Lateralisation
- Praxie
- Kreatives Denken
- Arbeitsverhalten
- Selbstkonzept und Identität

Wahrnehmungsspiele

Spielerisches Umgehen mit der Wahrnehmung lässt sich in jeden Unterricht (als Einstieg, als Bewegungspause, als Belohnung) einbauen. Es gibt geradezu unendliche Möglichkeiten, viele davon sind Ihnen seit jeher bekannt. Seien Sie kreativ und schöpfen Sie aus dem Schatz Ihrer Erfahrungen. Einige Beispiele:
- Einen versteckten Wecker in der Klasse finden lassen (Lokalisation/ Richtungshören)
- Mit Knete hantieren (taktile Wahrnehmung)
- Geräuschememory spielen (auditive Diskrimination)
- Kim-Spiele einsetzen (visuelles Gedächtnis)

Knobelaufgaben

In der Mathematik dienen vor allem Denk- und Knobelaufgaben der förderdiagnostischen Beobachtung, da sie offen und prozessbezogen sind (vgl. S. 45). Die Kinder lösen diese Aufgaben gemäß ihren Denkstrukturen. Durch Beobachten und gezieltes Fragen nach der Vorgehensweise können Sie den Lernprozess verfolgen.

Beispiel einer Aufgabe für das 1. Schuljahr:
Streblinde, Quicki und Murks möchten sich ein Eis kaufen.
Jedes Kind hat Geld für 2 Kugeln Eis.
Der Eisverkäufer bietet 3 Sorten Eis an: Schoko, Vanille und Himbeereis.
Was für ein Eis könnte sich Quicki kaufen?
Finde verschiedene Möglichkeiten.

Beispiel einer Aufgabe für das 4. Schuljahr:
Eine Schnecke in einem 20m tiefen Brunnen will nach oben auf die Wiese.
Sie kriecht am Tage immer 5m hoch und rutscht nachts im Schlaf wieder 2m nach unten.
Am wievielten Tag erreicht sie den Brunnenrand?

(Beispiele aus: RASCH 2003, 13 und 85)

Mitmachgeschichten

Angeleitete Bewegungsgeschichten können Auskunft über Bewegungsauffälligkeiten und über den sensomotorischen Entwicklungsstand geben. Führen Sie diese Geschichte mit der ganzen Klasse durch und platzieren Sie dabei die Kinder, die Sie beobachten wollen, in Ihrer Blickrichtung. Ein Beispiel findet sich im nächsten Kapitel. Nutzen Sie auch hier Ihre Kreativität und schreiben Sie nach dieser Anregung Mitmachgeschichten, die zu Ihrem aktuellen Thema passen.

Förderdiagnostischer Beobachtungsbogen

Name des Kindes:	Klasse:
Beobachter:	Datum:
	Zeitraum:

Ausgangshypothese:

Ziel der Beobachtung:

im Bereich der **Motorik**:

im Bereich der **Sensorik**:

im Bereich der **Sprache/Kommunikation**:

im Bereich des **Sozialverhaltens**:

im Bereich der **Emotionalität**:

im Bereich der **Kognition**:

Weitere Beobachtungen:

Resümee in Bezug auf die Ausgangshypothese:

Resümee in Bezug auf das Ziel der Beobachtung:

4.5 Beschreibung eines Lernprozesses

Ebenso wie die effektive Beobachtung von Verhalten bestimmten Strukturen folgt, bedarf auch die Verhaltensbeschreibung bestimmter Grundsätze. Hier kommt es besonders auf die Genauigkeit und Eindeutigkeit an. Die Verhaltensbeschreibung soll für Unbeteiligte nachvollziehbar sein und dabei möglichst wenig Raum für individuelle Interpretationen und Spekulationen bieten. Außerdem soll sie Chancen zur Hypothesenbildung und zum Mitdenken von Veränderungsmöglichkeiten bieten. Gleichzeitig ist auf Alltagstauglichkeit und Praktikabilität zu achten: Ebenso wenig wie vorschnelle Generalisierungen nützlich sind, ist dies eine Vielzahl der Datenerhebung, die keine Handlungsrelevanz mehr hat.

Die Struktur einer Verhaltensbeschreibung stellt sich damit so dar:

- **Das zu beschreibende Verhalten muss beobachtbar sein.**
  So vermeidet man Interpretationen, die bereits individuell eingefärbt und damit nicht mehr sachlich sind. Zudem umgeht man Zuschreibungen, die rasch als unveränderliche Charaktereigenschaften einer Person verstanden werden.
  Nicht: *Maxi ist aggressiv.*
  Sondern: *Maxi schlägt Emine.*
- **Das zu beschreibende Verhalten muss konkret, präzise und so eindeutig wie möglich beschrieben werden.**
  Nicht: *Paul hat bei Mathematikaufgaben keine Frustrationstoleranz.*
  Sondern: *Paul sagt bei Kopfrechnenaufgaben: Ich habe keine Lust. Die anderen sind sowieso schneller als ich.*

Während die ersten Aussagen statisch und damit unveränderlich erscheinen, fordern die zweiten Aussagen zu Vermutungen über mögliche Gründe heraus:
- Maxi interpretiert soziale Situationen selektiv: Sie nimmt nur für sie möglicherweise bedrohliche Aspekte wahr und blendet alle übrigen Gesichtspunkte aus.
- Paul hat wenig Erfolgszuversicht, erfolgreich mit anderen in eine Wettbewerbsituation gehen zu können. Es fällt ihm schwer, Aufgaben aus der mentalen Vorstellung heraus zu lösen. Vermutlich braucht er noch Visualisierungshilfen, auch weil sein Arbeitsspeicher (die Hör-Gedächtnis-Spanne) mit der auditiven Präsentation der Aufgaben überfordert ist.

4.5 Beschreibung eines Lernprozesses

Habe ich Hypothesen über mögliche Gründe gebildet, kann ich Veränderungsmöglichkeiten mitdenken, indem ich mich frage: Was kann ich den Kindern zur Unterstützung anbieten?

Die folgende Formulierungsampel ist ein Instrument, um sinnvolle Aussagen für die Förderplanung zu verfassen. Die Abstufungen Grün und Gelb sind für eine Verhaltensbeschreibung geeignet, da sie die nötige Offenheit und damit Veränderungsmöglichkeiten mit bedenken. Die Abstufung Rot sollte vermieden werden, da sie statisch und zuschreibend ist und Veränderungs- und Entwicklungsmöglichkeiten keinen Raum gibt. Insgesamt ist zu berücksichtigen, dass die Übergänge zwischen den einzelnen Abstufungen durchlässig und fließend sind.

grün	**tatsächlich beobachtbar, offen für jede Art der Deutung** Schilderung einer Situation, die von allen gleichermaßen registriert werden kann	Florian weint vor dem Beginn der Mathematikarbeit.	grün
gelb	**deutend, lässt Raum für weitere/andere Deutungen** Aussagen über eine Situation, die weitgehend allgemein verständlich ist, insbesondere in einem bestimmten beruflichen Kontext (wie hier: Unterricht)	Florian ist vermutlich nach der Erfahrung der letzten Mathematikarbeit wenig erfolgszuversichtlich. Florian reagiert auf die Mathearbeit mit einem regressiven Verhalten (Weinen).	gelb
rot	**zuschreibend, statisch, bewertend** Persönliche Auslegung einer Situation, die so, aber auch ganz anders gedeutet werden kann	Florian hat kein Selbstvertrauen. Florian ist regressiv. Florian hat wieder nicht geübt.	rot

Zu vermeiden sind auch unklare Aussagen wie z. B.: "Sie läuft häufig aus der Klasse." Häufig kann für die eine Lehrerin dreimal am Tag bedeuten, für den anderen Lehrer jedoch dreimal in der Woche. Ebenso zu bedenken ist, dass bereits der Satz „Er kann nicht allein die Schuhe binden." eine Interpretation enthält: Vielleicht will der Schüler das nur nicht, weil es ihm peinlich ist, dass es noch etwas länger dauert. Oder er ist es eben gewohnt, dass seine Mutter das immer für ihn macht.

Arbeitsvorschlag
Um das Formulieren förderdiagnostisch geeigneter Aussagen zu üben, ordnen Sie folgende Aussagen den Abstufungen der Formulierungsampel zu. Falls Sie „rote" Aussagen gefunden haben, formulieren Sie diese in andere Abstufungen um:
Erdem hat wenig Frustrationstoleranz.
Sascha sagt zur Lehrerin: „Ich kann das nicht."
Nadine verhält sich bei Spielen mit Wettbewerbscharakter eher zurückhaltend. Nicole ist aggressiv.
Lukas kommt in den Trainingsraum und schreit: „Ich bringe alle um."

4.6 Beispiele für Beobachtungsfragen

Generell ist bei der Entwicklung von Beobachtungsbögen zu beachten, dass sie einerseits möglichst vollständig und differenziert sind und andererseits auch noch übersichtlich bleiben. Denn wie bereits an anderer Stelle gesagt wurde, ist vor einer unübersehbaren Datensammlung ebenso zu warnen wie vor vorschnellen Verallgemeinerungen. So wurden bei den Beobachtungsfragen zur Leseentwicklung die Differenzierungen an einigen Stellen reduziert, z. B. bei den allgemeinen Voraussetzungen, aber auch bei der phonologischen Bewusstheit. Treten an diesen Stellen starke Auffälligkeiten auf, müssen diese durch weitere Erhebungsverfahren noch einmal gesondert betrachtet werden.

Für alle Bögen gilt: Kreuzen Sie Ihre Einschätzungen an und notieren Sie Ihre Beobachtungen. Daraus resultieren erste Ideen für Lernangebote. Wiederholen Sie die jeweiligen Verfahren mehrfach im Schuljahr, wobei die Verwendung verschiedener Farben das Erkennen von Fortschritten erleichtert. *im gleichen Bogen!*

KV *Kinder individuell fördern*

Zur Leseentwicklung

Der nachfolgende Beobachtungsbogen orientiert sich an den Lernfeldern zum Erwerb und zur Weiterentwicklung der Lesekompetenz auf der Seite 98 f. Um sich der Schnittstelle von Können und Nicht-Können zu nähern und um in der fortschreitenden Leseentwicklung nicht immer alles erneut auflisten zu müssen, gehen Sie folgendermaßen vor:
- Schätzen Sie die ungefähren Kompetenzen des Kindes ein und beobachten Sie dann genauer: „Ist meine Einschätzung richtig?"
- Muss ich weitere Schritte zurückgehen, um Nichtgekonntes noch einmal aufzugreifen und zu sichern?
- Kann das Kind schon mehr, als ich angenommen habe? Auch Kompetenzen sind zu stärken und weiterzuentwickeln.

Zeichenerklärung für die Einschätzskalen:
– – gar nicht
– ansatzweise
o überwiegend
+ gesichert
++ voll gesichert

Allgemeine Lern- und Entwicklungsvoraussetzungen	
Name:	Datum:
Sensomotorische Voraussetzungen (vestibulär, kinästhetisch, auditiv, visuell)	
Bemerkungen:	
Sprachliche Voraussetzungen (semantisch, phonetisch, syntaktisch)	
Bemerkungen:	
Emotionale und soziale Voraussetzungen	
Bemerkungen:	

Leseentwicklung

Verständnis von Funktion und Gebrauchswert von Schrift Die Schülerin/der Schüler	– –	–	o	+	++
weiß, dass in Texten (z. B. in Zeitungen) Informationen stehen.					
nennt Gründe, warum Menschen lesen/warum es gut ist, selber lesen zu können.					
versucht Informationen aus Texten auf der jeweiligen Kompetenzstufe zu erhalten.					
Beobachtungen/Konsequenzen:					

Erfahrungen mit Schriftsprache Die Schülerin/der Schüler					
besitzt eigene Bücher bzw. kennt Bücher.					
hat schon einmal eine Postkarte/einen Brief/eine sms etc. erhalten.					
war schon einmal in einer Bücherei/Buchhandlung etc.					
bekommt zu Hause etwas vorgelesen/erinnert sich an Vorlesesituationen von früher.					
kennt Gebrauchsnamen von Zeitungen/Zeitschriften (z. B. Fernsehzeitung).					
Beobachtungen/Konsequenzen:					

Leseentwicklung

Interesse an Schriftsprache
Die Schülerin/der Schüler

mag es, wenn etwas vorgelesen wird.				
sieht sich Bilderbücher/Comics/Bücher/Zeitungen/Prospekte an.				
interessiert sich für den Inhalt von Texten/Büchern etc.				
gibt an, gerne zu lesen oder dies gerne lernen zu wollen.				

Beobachtungen/Konsequenzen:

Symbolische und logografische Stufe
Die Schülerin/der Schüler

kennt die Bedeutung von Firmenlogos (z. B. ALDI = Geschäft).				
identifiziert den eigenen Namen in der Klassenliste.				
identifiziert sonstige Wörter (z. B. Namen aus der Klassenliste).				

Beobachtungen/Konsequenzen:

Leseentwicklung						
Phonologische Bewusstheit Die Schülerin/der Schüler					
	erkennt Endreime und bildet Reime zu vorgegebenen Wörtern.					
	zerlegt Wörter in Silben (Silben klatschen, Silbenbogen malen etc.).					
	benennt Anfangs- oder Endlaute eines Wortes.					
	kann möglichst lautgetreue Wörter in Einzellaute zerlegen.					
Beobachtungen/Konsequenzen:						
Alphabetische Stufe Die Schülerin/der Schüler						
Laut- und Buchstabenebene	artikuliert deutlich, auch schwierige Lautverbindungen wie „Fischers Fritz".					
	kann Laute unterscheiden (z. B. o und u, d und t).					
	kennt die Lautwerte bisher eingeführter Buchstaben.					
	kann Groß- und Kleinbuchstaben einander zuordnen.					
	identifiziert Grapheme, die sich nur in der Raumlage unterscheiden <d> <b>.					
	kennt den Lautwert mehrgliedriger Grapheme wie < au > <sch>.					
	ordnet Buchstaben verschiedener Schrifttypen/Schriftgrößen einander zu.					
	Beobachtungen/Konsequenzen:					

© Cornelsen Verlag Scriptor, Berlin
Kinder individuell fördern

Leseentwicklung

Silben- und Wortebene	synthetisiert Laute zu einfachen Silben (Konsonant-Vokal: Ma/VK: Am).					
	setzt Silben zu Wörtern/zu Unsinnswörtern zusammen: (z. B. Ma-pa/Pa-ma).					
	hält die Leserichtung von links nach rechts ein.					
	erliest ein- bzw. mehrsilbige „lautgetreue" Wörter (rot/Oma/Limonade).					
	probiert beim Erlesen Lautvarianten aus (/o/ in <Rose> oder <Tor>).					
	liest Wörter mit Konsonantenhäufungen (fragen/Bart).					
	erliest die Wortendungen korrekt.					
	erfasst häufig verwendete Wörter ganzheitlich (Signalwörter).					
	hat metasprachliche Kenntnisse (Buchstaben/ Silben/Wörter/Satzzeichen).					
	Beobachtungen/Konsequenzen:					
Satzebene	erliest Sätze, die aus bekannten Wörtern bestehen.					
	nutzt Sätze als Kontexthilfe, um unbekannte Wörter zu lesen.					
	produziert beim Lesen eine stimmige Satzmelodie.					
	Beobachtungen/Konsequenzen:					

Leseentwicklung

Leseverständnis

hat einen altersgemäßen aktiven und passiven Wortschatz.				
nutzt Bilder/Vorinformationen, um inhaltliche Vermutungen vorzunehmen.				
erklärt faktische Bedeutung des Gelesenen/ malt inhaltlich passende Bilder.				
liest einfache Arbeitsanweisungen und setzt diese um.				
bildet zu Texten Überschriften.				
fügt passende Wörter in Lückensätze ein.				
entdeckt in Sätzen semantisch unpassende Wörter („Stolperwörter").				

Beobachtungen/Konsequenzen:

Lesemotivation

möchte nach eigenen Aussagen gerne lesen lernen.				
meldet sich häufig zum Vorlesen.				
traut sich an fremde bzw. schwierige Wörter heran (Lehrerbeobachtung).				
liest in Freiarbeitsphasen bzw. beschäftigt sich gezielt mit Büchern.				

Beobachtungen/Konsequenzen:

Leseentwicklung						
Leseorganisation	kann sich auf der Leseseite orientieren.					
	verwendet eine Lesehilfe (Lesezeichen, Leseschablone, Finger).					
	nimmt sich genug Zeit beim Erlesen.					
	verbessert sich nach Fehlern (probiert Laut- bzw. Bedeutungsvarianten aus)					
	Beobachtungen/Konsequenzen:					

Orthografische Stufe Die Schülerin/der Schüler:					
beachtet größere funktionale Einheiten (Silben/ Morpheme/Signalwörter).					
nutzt orthografische Strukturen					
kann Wörter oder größere Einheiten automatisiert lesen.					
benennt ausdrücklich genannte Einzelheiten oder Beziehungen (Faktenwissen).					
stellt Beziehungen zwischen einzelnen Textstellen her.					
kann Schlussfolgerungen ziehen.					
liest sinngestaltend unter Berücksichtigung von Satzzeichen.					
nutzt den Kontext flexibel.					
Beobachtungen/Konsequenzen:					

Der Bereich Verhalten ist ein sehr komplexes Feld. Folgender Beobachtungsbogen soll die Vielschichtigkeit systematisieren. Er ist keineswegs für jedes Kind vollständig zu bearbeiten, sondern dient dazu, mögliche Beobachtungskategorien aufzuzeigen.

Beobachtungsbogen zum Verhalten allgemein

Verhaltensebene	Beobachtung
Bereich Selbstkonzept ○ Traut sich seinen Fähigkeiten entsprechend angemessen viel zu ○ Kann berechtigte Kritik vertragen ○ Ist bei Misserfolg nicht gleich entmutigt ○ Macht insgesamt einen angstfreien Eindruck ○ Wagt sich an neue unbekannte Aufgaben heran ○ Kann Gefühle angemessen zeigen ○ Hat eine eher hohe Frustrationstoleranz	
Angebote und Absprachen:	
Bereich Kontakt/Beziehung ○ Findet leicht Kontakt zu Lehrkräften ○ Findet leicht Kontakt zu Mitschüler/innen ○ Hat Freunde in der Klasse ○ Ist hilfsbereit ○ Kann Hilfe annehmen ○ Sucht vorrangig gefühlsbetonte Zuwendung ○ Sucht vorrangig sachbezogene Zuwendung	
Angebote und Absprachen:	

Verhaltensebene	Beobachtung
Bereich Kooperation/Teamfähigkeit ○ Arbeitet gern mit selbstgewählten Lernpartnern zusammen ○ Arbeitet gern mit gesetzten Lernpartnern zusammen ○ Arbeitet gern im Plenum ○ Kann sich in ein Team einfügen ○ Kann seine eigenen Bedürfnisse zurückstellen ○ Übernimmt in einem Team Teilaufgaben ○ Nimmt Rücksicht auf Mitschüler/innen ○ Kann warten, bis er/sie an der Reihe ist ○ Kann zuhören	
Angebote und Absprachen:	
Bereich Umgang mit Regeln ○ Hält sich an Vereinbarungen mit Lehrpersonen ○ Beachtet die Klassenregeln ○ Ist bereit, sich an Spielregeln zu halten ○ Zeigt Schuldbewusstsein nach Regelverletzungen ○ Kann sich entschuldigen	
Angebote und Absprachen:	
Bereich Konfliktverhalten ○ Sucht nicht den Streit, sondern geht unnötigen Konflikten aus dem Weg ○ Kann eigene Konflikte lösen (mit/ohne Interventionen) Kann in Konfliktsituationen anderer vermitteln ○ Bringt eigene Vorschläge zur Konfliktbewältigung ein ○ Bemüht sich nach Konflikten um Ausgleich	
Angebote und Absprachen:	

Verhaltensebene	Beobachtung
Bereich Motivation ○ Ist bereit, sich für das Erreichen eines Ziels einzusetzen ○ Schätzt die Möglichkeit, Erfolg zu haben, realistisch ein ○ Macht Erfolg bzw. Misserfolg angemessen an sich selbst fest ○ Meldet sich im Unterricht und arbeitet mit ○ Ist adäquat stolz auf seine Arbeitsergebnisse ○ Zeigt Interesse an – Lesen – Schreiben – Mathematik – Sachunterricht – Sport	
Angebote und Absprachen:	
Bereich Arbeitshaltung ○ Beginnt unmittelbar und rasch mit der Arbeit ○ Arbeitet rasch und effektiv ○ Arbeitet ohne ständige Aufforderung zum Weiterarbeiten ○ Stellt die Arbeit ohne Aufforderung fertig ○ Hält die Schulsachen und den Arbeitsplatz in Ordnung	
Angebote und Absprachen:	
Bereich Selbstständigkeit ○ Ist im Gesamtverhalten selbstständig ○ Braucht wenig Hilfe bei der Arbeit ○ Kann ohne viel Hilfe geeignete Hilfsmittel finden ○ Versucht bei Schwierigkeiten, diese zunächst selbst zu lösen	
Angebote und Absprachen:	

Beobachtungsbogen zum sozialen Verhalten

Verhaltensweise des Kindes	Beobachtungen
Das Kind nimmt wahr, was um es herum passiert.	
Das Kind hat ein Gespür dafür, wie es anderen Menschen geht.	
Das Kind versucht sich in die Lage anderer zu versetzen.	
Das Kind kann Konsequenzen seines Verhaltens einschätzen.	
Das Kind zeigt Rücksichtnahme seinen Mitschülern gegenüber.	

Verhaltensweise des Kindes	Beobachtungen
Das Kind wendet sich anderen Kindern tröstend oder hilfreich zu.	
Das Kind kann mit einigen Kindern der Klasse zusammen arbeiten oder spielen	
Das Kind kann mit fast allen Kindern der Klasse zusammen arbeiten oder spielen.	
Das Kind ist bereit und fähig, Kompromisse zu schließen.	
Das Kind kann eigene Bedürfnisse kurz- oder mittelfristig zurückstellen.	

Verhaltensweise des Kindes	Beobachtungen
Das Kind nimmt Klassenaufgaben wahr.	
Das Kind hat eigene Meinungen und Ansprüche.	
Das Kind kann eigene Meinungen oder Ansprüche angemessen äußern.	
Das Kind kann eigene Meinungen oder Ansprüche angemessen durchsetzen.	
Das Kind freut sich über Erfolge.	
Das Kind verfügt über verschiedene Strategien der Problemlösung (reden, Lehrerin hinzuholen, Mitschüler fragen, abwarten etc.).	

(BRAUN/SCHMISCHKE 2006, 27)

Beobachtungsbogen zur Wahrnehmung und Motorik

Verhaltensweise des Kindes	Beobachtungen
Taktiler Bereich	
Taktiles Empfinden: Wie verhält sich das Kind beim Hantieren mit Watte, Klebstoff, Fingerfarben? Zeigt es Abwehr oder Widerwillen? Verhält es sich unauffällig? Hat es eine starke, nahezu erregte Freude an diesen Aktivitäten?	
Reaktion auf Berührungsreize: Wie reagiert das Kind auf Berührungen (z. B. unabsichtlicher Art/bei Streichelgeschichten/bei beruhigendem Anfassen? Ist es empfindlich? Reagiert es unauffällig? Genießt es Berührungen sehr?	
Formen ohne visuelle Kontrolle ertasten: Kann das Kind Gegenstände mit den Händen (Augen geschlossen) identifizieren? Kann es ähnliche Gegenstände unterscheiden? Gibt es einen Unterschied zwischen linker und rechter Hand?	
Kinästhetischer Bereich	
Bewegungsplanung: Kann das Kind vorgegebene Bewegungen nachmachen (z. B. pantomimische Bewegungen/Bewegungen bei Mitmach- und Streichelgeschichten/ Schreibbewegungen in der Luft)?	
Bewegungssequenzen: Kann das Kind eine Bewegungsabfolge nachmachen (z. B. Klatsch- und Rhythmusspiele/„Spiegelbildbewegungen"/Nachlegen von Formen)?	

© Cornelsen Verlag Scriptor, Berlin
Kinder individuell fördern

Verhaltensweise des Kindes	Beobachtungen
Fingerkinästhesie: Kann das Kind die Finger einzeln bewegen, ohne Mitbewegungen der übrigen Finger, der anderen Hand, des Mundes? Kann es nacheinander mit jedem Finger den Daumen antippen (Hände einzeln/ dann gleichzeitig)?	
Handgeschicklichkeit: Kann das Kind eine Handlung koordiniert ausführen (z. B. indem es bei Bastelaufgaben mit der einen Hand etwas festhält und mit der anderen Hand zielgerichtet hantiert)?	
Körperschema: Weiß das Kind, was oben, unten, rechts und links an seinem Körper ist? Kann es Körperteile zeigen und benennen? Kennt es die Ausdehnung seines Körpers?	
Raumorientierung: Kann das Kind sich im Raum orientieren? Kann es sich schnell durch den Raum bewegen, ohne anzustoßen? Schätzt es z. B. beim Hindernislaufen Abstände richtig ein?	
Orientierung auf einer Fläche: Kann das Kind die Schreibrichtung von links nach rechts einhalten? Erkennt es Zeilenabstände und hält diese ein? Kann es ein leeres Blatt in vier große Teile einteilen?	

Verhaltensweise des Kindes	Beobachtungen
Vestibulärer Bereich	
Vestibuläre Stimulation: Wie reagiert das Kind auf Schaukelbewegungen oder Fahrten mit dem Rollbrett? Mag es diese Aktivitäten extrem gern? Reagiert es unauffällig? Zeigt es sich ängstlich und abwehrend?	
Halte-, Stell-, Gleichgewichtsreaktionen: Kann das Kind aus verschiedenen Positionen heraus die Ausgangsposition wieder einnehmen (z. B. bei „verrückten Sitzpositionen" auf dem Stuhl)? Kann es eine Rolle vorwärts machen, wobei der Kopf auf der Brust ist und die Richtung eingehalten wird? Kann es auf jeweils einem Bein stehen (Augen offen/geschlossen)? Kann es im „Seiltänzergang" über eine Linie balancieren?	
Muskeltonus: Kann das Kind eine angemessene Körperspannung aufbauen und aufrechterhalten? Wie ist der Händedruck: sehr stark/angemessen/schlapp? Wie viel Kraft wird beim Schreiben verwandt? Gibt es beim Schreiben Mitbewegungen im Gesicht?	
Augenmuskelkontrolle: Kann das Kind nur mit den Augen eine bewegte Bleistiftspitze verfolgen? Sind die Augenbewegungen geschmeidig oder ruckartig? Wehrt das Kind ab? (Aufgabe mit beiden Augen gleichzeitig, dann mit jeweils einem Auge durchführen, während das andere Auge geschlossen ist).	

Verhaltensweise des Kindes	Beobachtungen
Ausdifferenzierung und Integration von Wahrnehmung und Motorik	
Körpermittellinie kreuzen: Überkreuzt das Kind die Körpermittellinie; z. B. bei Klatschspielen, beim Malen der liegenden acht? Zieht es auf dem Blatt eine Diagonale von links nach rechts/von rechts nach links, ohne den Stift abzusetzen, das Blatt zu verschieben, die Hand zu wechseln?	
Bilateralintegration: Kann das Kind einen Ball beidhändig fangen (beide Hände vor dem Körper und die Handflächen parallel gegenüber)? Kann es die Bewegung „Engel im Schnee" mit Armen und Füßen synchron und symmetrisch durchführen? Kann es Seilchenspringen (dabei mit beiden Füßen gleichzeitig abspringen)?	
Lateralisation: Bevorzugt das Kind eine bestimmte Hand beim Schreiben, Malen und Schneiden? Bevorzugt es eine Hand bei pantomimischen Darstellungen wie Zähne putzen, in die Luft schreiben, etwas aufsammeln? Bevorzugt das Kind einen bestimmten Fuß beim Schießen eines Balles oder beim Treppensteigen (dies kann auch pantomimisch geschehen)?	

(BRAUN/SCHMISCHKE 2006, 42-45)

4.7 Einbettung in eine Unterrichtssituation – Ideen

Das „Bewegte ABC" ist angelehnt an LIEBERTZ (2000, 99) und wurde im Anfangsunterricht Lesen als zwischenzeitliche Bewegungspause eingesetzt. Die Bewegungsgeschichte „Die kleine Hexe im Hexenwald" wurde als Einstiegsritual für Förderstunden der phonologischen Bewusstheit genutzt. Beide Bewegungsspiele zeigen, dass die Diagnostik gleichzeitig auch ein Förderangebot ist. Alle Kinder können mitmachen und – wenn die Abläufe genügend eingeführt sind – kann jeweils ein Kind die Leitung und die Ansagen übernehmen. Das erleichtert Ihnen die Beobachtung. Sie nehmen jeweils das Kind besonders in den Blick, dessen Bewegungsabläufe Ihnen auch in anderen Situationen aufgefallen sind.

Zum Beobachten brauchen Sie etwas Übung. Wenn Sie bezüglich einzelner Beobachtungen unsicher sind, bitten Sie das Kind z. B. in der Pause oder im Sportunterricht, einzelne Aufgaben zu wiederholen. Die angeführten Beobachtungsfragen verweisen auf möglicherweise zu beobachtende Schwierigkeiten. Die Bezeichnungen in den Klammern benennen die sensomotorische Funktion, die von einem Schulkind erwartet werden kann (ausführlich nachzulesen in KESPER/HOTTINGER 1997). Dort finden Sie Vorschläge für das weitere Vorgehen in Form von Übungen und Unterstützungsangeboten (vgl. auch S. 102 ff.).

Beobachtungsfragen zum Bewegten ABC		
A	Arme hochstrecken/ Finger aneinander legen	Sind synchrone Bewegungen möglich oder übernimmt ein Arm die Führung (Bilateralintegration)? Gibt es Mitbewegungen z. B. des Mundes (isolierte Körperbewegungen)?
B	ein Bein heben	Auf welchem Bein steht das Kind (Seitigkeit)? Kann das Kind das Gleichgewicht halten (statisches Gleichgewicht)?
C	ein C aus beiden Armen formen	Kann sich das Kind nach rechts orientieren (Seitigkeit)? Überkreuzt es bei dieser Bewegung spontan die Körpermittellinie?
D	den Körper um die eigene Achse drehen	„Dreht das Kind auf" und kommt nicht zur Ruhe oder vermeidet es die Bewegung eher (vestibuläre Wahrnehmung)? Kann es das Gleichgewicht halten (dynamisches Gleichgewicht)?

E	essen („übertriebene Kaubewegung")	Führt das Kind die Mundbewegungen aus, ohne dass andere Körperteile in Bewegung geraten (isolierte Bewegungen/Mundmotorik)?
F	mit den Fingern beider Hände tänzeln	Kann das Kind die Finger einzeln bewegen (Fingerkinästhesie), benutzt es beide Hände gleichmäßig (Bilateralintegration)?
G	gähnen und Hand vor den Mund	Welche Hand wird benutzt, ist es immer die gleiche Hand oder wechselt dies, passt dies zu Ihren sonstigen Beobachtungen (Seitigkeit)?
H	auf einem Bein hüpfen	Welches Bein (Seitigkeit)? Kann das Gleichgewicht gehalten werden (dynamisches Gleichgewicht)?
I	mit der Hand auf den Mund wie ein Indianer heulen	Welche Hand (Seitigkeit)?
J	an verschiedenen Körperstellen den „Juckreiz vertreiben"	Welche Hand wird benutzt (Seitigkeit)? Ist eine isolierte Fingerbewegung möglich (Fingerkinästhesie)?
K	einen vorgegebenen Rhythmus nachklatschen	Kann das Kind mehrere Klatscher hintereinander nachmachen (Sequenzgedächtnis)?
L	lachen, sich dabei auf die Schenkel klopfen	Verharrt das Kind in dieser Aktion und beruhigt sich fast nicht mehr oder kommt es wieder von allein zur Ruhe (wenn nicht: ggfs. vestibuläre Unterfunktion)?
M	mit dem Zeigefinger an den Mund tippen	Kann das Kind den Mund sofort antippen? Muss es erst überlegen? Dies ist auch im Zusammenhang mit dem Finden nachfolgender Körperteile zu sehen. (Körperschema)
N	Zeigefinger tippt an die Nase	s. o. (Körperschema)
O	rechte Hand an linkes Ohr/linke Hand an rechtes Ohr	s. o. (Körperschema) außerdem: Wird die Körpermittellinie spontan überkreuzt?

P	sich mit einer Hand auf den Po klopfen	Findet das Kind den Po auf Anhieb (Körperschema)? Welche Hand wird benutzt (Seitigkeit)?
Q	wie ein Frosch quaken und hüpfen	Sind die Bewegungen synchron oder „übernimmt" eine Seite die Führung (Bilateralintegration)?
R	sich mit einem Kind Rücken an Rücken stellen	Sieht das Kind sich in Bezug zu den anderen, kann es sich im Raum orientieren (Körper- und Raumorientierung)?
S	Hände als Fernglas vor ein Auge halten	Welches Auge wird zum Sehen benutzt, passt dies zur bevorzugten Hand, zum bevorzugten Bein (Seitigkeit)?
T	auf die Schenkel trommeln	Akzeptiert das Kind die eigene Berührung oder vollzieht es diese eher flüchtig, so als wäre sie unangenehm (taktiles Empfinden)?
U	umarmen (Arme verschränken)	Verschränkt das Kind die Arme vor dem Oberkörper? Oder versucht es dies zu vermeiden, indem es die Arme einfach vor jede Seite an sich presst (Überkreuzen der Körpermittellinie)?
V	Vogelflug mit den Armen nachmachen	Kann das Kind die Flugbewegung mit beiden Armen gleichmäßig und synchron ausführen (Bilateralintegration)? Gibt es Mitbewegungen des Mundes (isolierte Körperbewegungen)?
W	Wange streicheln	Akzeptiert das Kind die eigene Berührung oder vollzieht es diese eher flüchtig, so als wäre sie unangenehm (taktiles Empfinden)?
X	Beine stehend kreuzen	Kann das Kind diese Position einnehmen (statisches Gleichgewicht/Überkreuzen der Körpermittellinie)?
Y	Arme hoch strecken u. auf einem Bein stehen	Welches Bein wird als Standbein benutzt (Seitigkeit)? Kann das Kind das Gleichgewicht mühelos halten (statisches Gleichgewicht)?
Z	mit Armen und Beinen zappeln	Kommt das Kind allein wieder zur Ruhe oder überdreht es und schaukelt es sich hoch (vestibuläre Wahrnehmung)?

Die kleine Hexe im Hexenwald

Die kleine Hexe ist aufgewacht. Sie reckt und steckt sich.	*Arme über den Kopf strecken und räkeln*
Stellungsintegration/Bewegungssteuerung Beobachtung/Förderung:	

Dann wäscht sie ihr Gesicht und ihre Hände.	*Mit beiden Händen das Gesicht und die Hände ineinander reiben*
Taktiles Empfinden Beobachtung/Förderung:	

Sie zieht ihre Hose an.	*Jeweils auf einem Bein stehend auf dem anderen balancieren und sich dabei herunterbeugen*
Muskeltonus/Gleichgewicht/Gesamtkörperkoordination Beobachtung/Förderung:	

Dann geht sie im Hexenwald spazieren.	*Gleichmäßiges langsames rhythmisches Aufsetzen beider Füße*
Muskeltonus/Gesamtkörperkoordination Beobachtung/Förderung:	

Die Sonne scheint.	*Arme hochrecken, mit beiden Armen einen Kreis beschreiben*
Muskeltonus/Bilateralintegration Beobachtung/Förderung:	

Vögel fliegen zwischen Bäumen umher. Bilateralintegration Beobachtung/Förderung:	*Gleichmäßige synchrone Auf- und Ab-Bewegungen der Arme*
Da!!! Still! Ein seltsames Geräusch! Muskeltonus Beobachtung/Förderung:	*In der Bewegung erstarren, sich steif machen, einen Finger auf die Lippen legen*
Was ist das? Muskeltonus/Seitenpräferenz Beobachtung/Förderung:	*Mit einer Hand die Augen abschirmen, den Kopf langsam nach rechts und links drehen*
Sie hört genau hin. Bilateralintegration Beobachtung/Förderung:	*Jeweils einen Finger an das entgegengesetzte Ohr legen*
Ein Zwerg mit einer Zipfelmütze steht auf einem Bein vor ihr. Muskeltonus/ Gleichgewicht Beobachtung/Förderung:	*Mit beiden Händen über dem Kopf ein Dreieck beschreiben; auf einem Bein stehen*

KV *Kinder individuell fördern* 83

Er verbeugt sich vor ihr.	*Gleichmäßige Rumpfbeugung mit über der Mitte gekreuzten Armen*
Muskeltonus/ Körperschema/ Bilateralintegration Beobachtung/Förderung:	
Dann beginnt er zu tanzen.	*Hände in die Seiten stützen, gleichmäßige abwechselnde Vorwärtsbewegungen mit den Beinen*
Bewegungsplanung Beobachtung/Förderung:	
Plötzlich wird er sehr müde.	*Schlapp werden, mit einer Hand die Augen reiben*
Muskeltonus/ Seitenpräferenz Beobachtung/Förderung:	
Die kleine Hexe und der Zwerg laufen zurück zum Hexenhaus.	*Rasches gleichmäßiges Aufsetzen beider Füße*
Muskeltonus/Gesamtkörperkoordination Beobachtung/Förderung:	
Hier schlafen sie müde ein.	*Hände seitlich in Schulterhöhe falten, Kopf auf die Hände stützen und „schlafen"*
Seitenpräferenz/ Bilateralintegration Beobachtung/ Förderung:	

4.8 Kinder beobachten den eigenen Lernprozess

Neben der Beobachtung durch Lehrerinnen und Lehrer gewinnt auch die Selbstwahrnehmung der Kinder zunehmend an Bedeutung für das pädagogische Diagnostizieren. Indem Sie es den Kindern ermöglichen, zu Beobachtern ihres eigenen Lernprozesses zu werden, gewinnen Sie neue, vertiefte Einsichten in deren individuelle Lernprozesse. Zudem verhelfen Sie ihnen zu einer eigenverantwortlichen und bewussten Gestaltung ihres eigenen Lernprozesses. Dabei müssen die Kinder an eine realistische Einschätzung ihrer Leistungsfähigkeit herangeführt werden: Dies geschieht sinnvoll nur im geschützten Rahmen, denn nur in einer vertrauensvollen Atmosphäre entsteht die Chance zur Offenheit.

- Die Lehrerin gibt den Kindern Strukturen zur Selbstbeobachtung an die Hand (z. B. Selbstbeobachtungsbögen, s. Beispiele S. 85-89).
- Die Lehrerin leitet die Kinder zur Umsetzung an, denn diese benötigen zunächst präzise Hinweise, die sich an folgenden Grundsätzen orientieren:
  Selbstbeobachtung ist
  – geplant
  Die Kinder wissen vorher, über welchen Zeitraum sie sich beobachten sollen. Dieser Zeitraum muss für sie überschaubar sein.
  – kriteriengeleitet
  Die Kinder wissen: Was soll ich beobachten? Nach welchen Merkmalen soll ich beobachten?
  – operationalisiert
  Die Kinder brauchen konkrete überprüfbare Ziele und Kriterien:
  Wie oft habe ich mich gemeldet? Wie viele Beiträge habe ich zum Thema geleistet? Nicht: Habe ich gut mitgearbeitet?
- Die Lehrerin wertet die Selbstbeobachtungen gemeinsam mit den Kindern – im Abgleich mit den eigenen Beobachtungen – aus.

Die Portfolioarbeit bietet hier vielfältige Möglichkeiten. Durch die Arbeit an Portfolios werden die Kinder über die Selbstreflexion hinaus in die Leistungsbewertung einbezogen. Die Grundlage der Bewertung ist nicht mehr ausschließlich das Lernergebnis, sondern auch der individuelle Lernprozess. Darüber hinaus kommen neben der fachlichen Leistung auch Aspekte wie strategisches Lernen, soziales Lernen und emotionales Lernen in den Fokus. Die Kinder lernen, sich persönliche Ziele zu setzen und ihren eigenen Lernprozess kritisch zu hinterfragen. Zudem entsprechen Portfolios den Anforderungen eines modernen Lernbegriffs (vgl. Kapitel 1), indem sie Neues mit vorhandenem Wissen vernetzen. Anregungen zur Selbstbeobachtung sind erste Schritte auf dem Weg zu einer effektiven Portfolioarbeit. Sie sollten im ersten Schuljahr damit beginnen, z. B. mit einem der folgenden Selbstbeobachtungsbögen.

Ich denke über mein Lernen nach:

Name:		Datum:				
Wie ich im Unterricht mitarbeite		++	+	*	–	– –
Ich denke nach, wenn Fragen gestellt werden.						
Ich habe Ideen.						
Ich trage meine Ideen und mein Wissen vor.						
Ich frage, wenn ich etwas nicht verstehe.						
Ich höre den anderen zu.						
Ich achte auf die Gesprächsregeln.						
Wie ich meine Aufgaben bearbeite		++	+	*	–	– –
Ich setze mir ein Ziel.						
Ich überlege, wie ich das Ziel erreichen kann.						
Ich erinnere mich an das, was ich weiß.						
Ich suche nach Lösungsmöglichkeiten.						
Ich hole Hilfe, wenn ich nicht weiter weiß.						
Ich lasse mich nicht ablenken.						
Ich beende eine Aufgabe.						
Ich schreibe, male oder bastele genau.						

Ich denke über mein Lernen nach:					
Name:	Datum:				
Wie ich mit meinem Material umgehe	++	+	*	–	– –
Ich habe mein Material vollständig dabei.					
Ich lege mir das benötigte Material bereit.					
Ich hefte Arbeitsblätter ab.					
Ich räume nach jeder Stunde auf.					
Ich überprüfe die Schultasche: alles gepackt?					
Wie ich mit den anderen zusammenarbeite	++	+	*	–	– –
Ich erledige meine Aufgabe in der Gruppe.					
Ich lasse die anderen ausreden.					
Ich helfe den anderen.					
Ich akzeptiere Hilfe.					
Ich sage meine Meinung.					
Ich gebe freundliche Rückmeldungen.					
Ich akzeptiere die Rückmeldungen der anderen.					

Kinder individuell fördern

Der folgende Bogen ist für Kinder, die in der Leseentwicklung Schwierigkeiten haben und trotz des fortgeschrittenen Leselehrganges noch nicht automatisiert lesen können. Die Aussagen sind Vorschläge, die Sie im Hinblick auf die Voraussetzungen der Kinder, die Sie besonders fördern wollen, modifizieren oder ergänzen können.

Ich denke über mein Lesen nach:					
Name:		Datum:			
Was ich mir zutraue	++	+	*	–	– –
Ich traue mich an lange Wörter heran.					
Ich versuche schwere Wörter zu lesen.					
Ich traue mich, fremde Wörter zu lesen.					
Ich lese vor der Klasse.					
Wie ich im Leseunterricht mitmache	++	+	*	–	– –
Ich höre gut zu.					
Ich mache bei den Leseübungen mit.					
Ich lasse mich nicht ablenken.					
Ich frage nach, wenn ich etwas nicht verstehe.					
Wie ich an Leseaufgaben herangehe	++	+	*	–	– –
Ich zeige mit dem Finger auf das Anfangswort.					
Ich bewege den Finger beim Lesen mit.					
Ich bewege die Lippen beim Lesen.					
Ich nehme mir Zeit beim Lesen.					

Ich denke über mein Lesen nach:					
Name:	**Datum:**				
Ich achte auf die Endungen der Worte.					
Ich versuche zu verstehen, was ich lese.					
Ich merke, wenn ich einen Fehler mache.					

Ob ich Texte und Bücher mag	++	+	*	–	– –
Ich lasse mir gern vorlesen.					
Ich sehe mir oft Zeitungen an.					
Ich sehe mir Bücher mit Bildern an.					
Ich blättere gern in Büchern.					
Ich lese schon mal in Prospekten.					

KV *Kinder individuell fördern*

Der nächste Bogen eignet sich dazu, mit Kindern zu Beginn des Leselernprozesses über ihre Strategien und Lernfortschritte zu reflektieren. Die Kinder malen die Kreise in Ampelfarben an, wiederholen die Reflexion von Zeit zu Zeit und erleben so ihre zunehmende Kompetenz.

Leseampel			
	Datum	Datum	Datum
Ich weiß, was Buchstaben, Silben und Wörter sind.	○	○	○
Ich kann einige Wörter auf einen Blick lesen.	○	○	○
Ich lese fremde Wörter Buchstabe für Buchstabe. Dabei fange ich beim ersten Buchstaben an.	○	○	○
Ich teile mir lange Wörter in Silben ein.	○	○	○
Ich nehme mir Zeit beim Lesen.	○	○	○
Wenn ich Sätze lese, lese ich der Reihe nach jedes Wort.	○	○	○
Ich bewege den Finger beim Lesen mit.	○	○	○
Ich überlege, was in einem Text steht: Wie heißt die Überschrift? Was weiß ich sonst schon?	○	○	○
Mir fällt auf, wenn ich Fehler beim Lesen mache.	○	○	○
Weitere Fragen:	○	○	○

○ Das kann ich schon gut.   ○ Das kann ich ein bisschen.   ○ Das übe ich noch.

5 Einen Förderplan erstellen

Die Schritte zur Förderung der Schülerinnen und Schüler sind häufig unterrichtsimmanent und implizit. Das ist in vielen Fällen auch ausreichend und angemessen. In Situationen jedoch, in denen sich die Probleme eines Kindes komplexer darstellen oder in denen Lernschwierigkeiten drohen oder bereits vorhanden sind, ist eine längerfristig angelegte Form des Handelns notwendig. Förderpläne dokumentieren ein systematisches Vorgehen, bei dem Verbindlichkeiten und Zuständigkeiten festgelegt sind und die Verantwortung für die Weiterentwicklung des Kindes geteilt wird.

Förderpläne dienen keinem bürokratischen Selbstzweck. Sie dienen auch keiner übergeordneten Kontrolle, sondern sie sind zweckgebunden: Sie sind Basis und Leitfaden für schulische Gespräche (im Team, mit den Eltern, mit den Kindern). Sie können der Erstellung von Lernstandsbeurteilungen und Zeugnissen eine Grundlage geben. Sie können Teile von Berichten oder Gutachten sein. Sie unterstützen die Planung von Unterricht und Differenzierung. Nicht zuletzt dienen sie der Qualitätssicherung der schulischen Arbeit. Das Schreiben eines Förderplans folgt einem Regelkreis, der wie folgt aufgebaut ist:

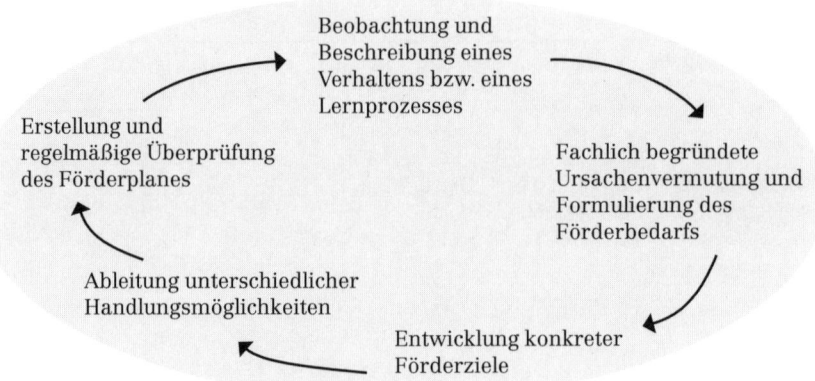

zu: Beobachtung und Beschreibung eines Verhaltens bzw. eines Lernprozesses
- Eine gewinnbringende Beobachtung ist bewusst und zielgerichtet: *Ich schaue in dieser Woche darauf, wie Nadine sich beim Lesen von Texten verhält: Welche Wörter liest sie ganzheitlich, welche Wörter synthetisierend? Nutzt sie Silben als Gliederungshilfe? Arbeitet sie mit Kontexterwartung? Verbessert sie Fehler?*
- Dabei ist es bedeutsam, die Kinder in mehreren Situationen zu beobachten: *Wie verhält sich Nadine beim Lesen von Fibeltexten und beim Lesen von Arbeitsaufträgen? Wie verhält sie sich im Klassenverband und in der Fördergruppe?*
- Für die darauf folgende Beschreibung ist wichtig, dass das zu beschreibende Verhalten beobachtbar ist und dass es so konkret und eindeutig wie möglich (ohne eigene Interpretationen/Wertungen/Verallgemeinerungen) beschrieben wird: *Nadine liest Signalwörter ganzheitlich sowie ein- bis zweisilbige ungeübte Wörter synthetisierend. Bei mehrsilbigen ungeübten Wörtern werden Silben als Segmentierungshilfe noch nicht sicher genutzt.* Nicht: *Nadine ist beim Lesen unsicher.*

zu: Fachlich begründete Ursachenvermutung und Formulierung des Förderbedarfs
Hierzu bedarf es eines fundierten Fachwissens. Förderdiagnostik ohne Fachwissen und ohne fachdidaktische Kenntnisse ist Scharlatanerie. Deshalb ist es erforderlich, den neueren fachtheoretischen Erkenntnissen auf der Spur zu bleiben. Dies können in diesem Beispiel die Erkenntnisse der phonologischen Bewusstheit in Verbindung mit einem heuristisch geleiteten Vorgehen sein: *Nadine wendet das Prinzip der Silbensegmentierung noch nicht sicher auf mehrsilbige unbekannte Wörter an. Sie nutzt dabei auch nicht die Kenntnisse, die sie über den Kontext des zu Lesenden hat.* Somit ergibt sich ein Förderbedarf in den Aspekten Silbensegmentierung und Kontexterwartung.

zu: Entwicklung konkreter Förderziele
Vielleicht erscheint es zunächst so, als seien sehr viele Ziele gleichzeitig wichtig. Eine ökonomisch begrenzte Zielauswahl, die sinnvolle Schwerpunkte setzt, ist jedoch effektiver als ein Verzetteln in einer unrealistischen Vielfalt. Förderziele müssen in erster Linie umsetzbar sein. Sie müssen sehr konkret beschrieben und überprüfbar sein, vor allem auch den Schülerinnen und Schülern transparent gemacht werden: *Nadine lernt, mehrsilbige Wörter in Silben zu unterteilen und dabei Vorerwartungen über die*

zu lesenden Wörter zu bilden. Nicht: *Nadine soll lesen üben.* Zudem ist es unbedingt notwendig, die Ziele in überschaubare Etappen einzuteilen, um das Kind und sich selbst nicht zu überfordern. *Nadine bearbeitet fünfzehn Minuten ihre Aufgaben, bevor sie eine Pause macht.* Nicht: *Nadine arbeitet während der Deutschstunde konzentriert mit.*

zu: Ableitung unterschiedlicher Handlungsmöglichkeiten
Hier ist es wichtig, in Orientierung an den aufgestellten Zielen breitgefächert und mehrdimensional zu denken und zu handeln. Dies beinhaltet auch etwas Neues zuzulassen, denn ein Vorgehen nach dem Prinzip: „Mehr desselben" ist in vielen Fällen ineffektiv. Gleichzeitig müssen die Förderangebote im Sinne der Ökonomie und Effizienz so realistisch konzipiert werden, dass sie leicht im Klassenunterricht einsetzbar sind.

Bei der Entwicklung von Handlungsmöglichkeiten kann man auf bewährte Materialien zurückgreifen: z.B. *Übungen zur phonologischen Bewusstheit einsetzen, um die Silbensegmentierung zu üben.* Man kann auch selbst kreativ werden: *Übungen zur phonologischen Bewusstheit inhaltlich an das aktuelle Thema angleichen, damit integriert auch die Kontexterwartung geübt werden kann. Man kann auch einen Rap in Musik schreiben oder im Sportunterricht Sprechspiele mit dem Sprungseil machen und dazu Geschichten erfinden etc.*

Auch hier gilt: Eine in Bezug auf Zeit, Raum und Schüleranzahl realistische Planung erspart Frustration.

zu: Erstellung und regelmäßige Überprüfung des Förderplans
Es gibt viele verschiedene Dokumentationsformen für Förderpläne (s. Beispiel auf der S. 95). Hier ist es wichtig, dass sich die Schule auf eine Form einigt, u.a. weil dies das Fortschreiben auch bei einem Lehrerwechsel ermöglicht.

Es ist sinnvoll, in überschaubaren und nicht zu langen Zeitabständen zu planen, denn ein wichtiges Kriterium für einen brauchbaren Förderplan ist es, das dieser im Alltagsgeschehen präsent bleibt. Eine Terminierung von Ferien zu Ferien hat sich hier bewährt, da auch die Unterrichtsplanung in diesen Zeiträumen erfolgt. Ein solcher Zeitraum gibt genug Raum zur Entwicklung, bleibt aber überschaubar.

Der Förderplan muss für alle Beteiligten – vor allem auch die Schülerinnen und Schüler – transparent sein. Zudem ist eine regelmäßige Evaluation erforderlich.

5.1 Qualitätsmerkmale

Förderpläne müssen verschiedene Gütekriterien erfüllen, damit sie effektiv sind (vgl. SCHUMACHER 2003):

Kriterium	Umsetzung
Für alle Beteiligten (Kinder, Eltern, Klassenteam) nachvollziehbar und kommunizierbar	Der Förderplan wird mit den Kindern und den Eltern besprochen und abgestimmt. Deshalb müssen Zeiträume zur Verfügung stehen, in denen eine solche Kommunikation geschehen kann. Der Elternsprechtag ist eine Möglichkeit, möglicherweise sind darüber hinaus weitere Termine notwendig.
Dialogisch	Eine Vielfalt der Sichtweisen ermöglicht auch eine Vielfalt an Handlungsmöglichkeiten. Der beste Förderplan ist der, der in Zusammenarbeit mit dem Kind und den Eltern erstellt wurde. Außerdem sollten Förderpläne im Klassenteam erarbeitet werden.
Fachlich richtig	Fachliche Richtigkeit setzt voraus, dass die Verfasserin/der Verfasser im jeweiligen Fachbereich kundig ist oder auf entsprechende Instrumentarien zurückgreift.
Individuell	Wichtig: Eine individuelle Diagnose kann auch in eine gruppenbezogene Förderung münden.
Stärken- und problemorientiert	Auch, was jemand gut kann, sollte (weiter) gefördert werden!
Ökonomisch in der Erarbeitung und Fortschreibung	Förderpläne zu erstellen ist aufwändig. Diese Arbeit muss unbedingt im Verhältnis zum Ertrag stehen.
Unterrichtsrelevant	Die Förderangebote sind so auszuwählen, dass sie im Unterricht umgesetzt werden können. Das heißt u.a., dass sie realistisch in Bezug auf Zeit, Raum und Schüleranzahl durchzuführen sein müssen.

Kriterium	Umsetzung
Begrenzt und Schwerpunkte setzend	Fördern kann man viel. Entscheidend ist, die 2–3 Aspekte in den Fokus zu nehmen, welche aktuell am bedeutsamsten für einen Lern- und Entwicklungszuwachs des Kindes sind.
Im Alltag erinnerbar	Ein Förderplan ist dann unsinnig, wenn in dem Moment, in dem er geschrieben ist, vergessen wird, was drinsteht.
Fortschreibbar für die gesamte Schulzeit	Das Kollegium sollte sich auf eine einheitliche Dokumentationsform des schuleigenen Förderplans einigen. Das erleichtert den Informationsaustausch. Auch für Kinder und Eltern ist es einfacher, sich an einer Vorlage zu orientieren.

5.2 Beispiele

Es gibt eine Reihe von Dokumentationsformen für Förderpläne. Für einen praktikablen Einsatz sind folgende Elemente unentbehrlich:

- Adressat (Über wen und für wen?)
- Verfasser (Wer hat die Hypothesen erstellt?)
- Zeitraum (Wann erfolgt eine Überprüfung?)
- Exakte Fokussierung auf einen Fach- bzw. Entwicklungsaspekt (Welcher Aspekt des Bereiches Sprache ist gemeint, z.B. phonologische Bewusstheit)? Welcher Aspekt des Bereichs Sozialverhalten ist gemeint (z.B. Umgang mit Regeln)?
- Ausgangslage (Wo genau steht das Kind im Lernprozess?)
- Förderziel (Welchen überschaubaren nächsten Entwicklungsschritt soll das Kind gehen?)
- Angebote (Was genau biete ich dem Kind an, um diesen Schritt gehen zu können?)
- Vereinbarungen mit allen Beteiligten

Im Folgenden finden Sie zwei Beispiele für Förderpläne. Der erste stellt ein allgemeines Beispiel für eine umfassende Förderung eines Kindes im Klassenverband dar. Der zweite zeigt exemplarisch eine fachliche Förderung im Bereich Lesen. Vergleichen Sie hier auch die Lernfelder der Leseentwicklung (S. 18).

5.2 Beispiele

Förderplan für:		Klasse:		erstellt von:	
Zeitraum:					
Fach- bzw. Entwicklungsaspekt	Ausgangslage		Förderziel	Angebote	
Vereinbarungen mit dem Kind					
Vereinbarungen mit den Erziehungsberechtigten					
Vereinbarungen im Team					
Außerschulische Maßnahmen					

Allgemeiner Förderplan

Förderplan für: Peter Müller, Klasse 1 erstellt von: M. Meier (Klassenlehrerin) in Zusammenarbeit mit Peter und Frau Müller

Zeitraum: 15.8. (Beginn des neuen Schuljahres) bis 15.10. (Herbstferienbeginn)

Fach- bzw. Entwicklungsaspekt	Ausgangslage	Förderziel	Angebote
Arbeitsverhalten: Arbeitsanweisungen	Peter hört bei Erklärungen der Arbeitsanweisung offensichtlich nicht zu. Er schaut sein Gegenüber an oder sieht in die Luft, ohne den Lehrer anzuschauen. Dabei verhält er sich ruhig.	Peter entwickelt ein Bewusstsein für die Bedeutung von Arbeitsanweisungen. Peter hört bei Arbeitsanweisungen zu.	Signalkarte (Aufgepasst!) bei Erklärungen auf den Tisch legen und nachher wieder einsammeln. Dieses Vorgehen allmählich in die Hand von Peter geben; Blickkontakt des Lehrers; Anweisungen von Peter mit eigenen Worten erklären lassen.
Arbeitsorganisation	Peter baut vor sich auf: drei zerknüllte Tempotaschentücher, zwei Kakaopäckchen, ein hochgestelltes Mäppchen sowie eine Flasche.	Peter hat einen möglichst aufgeräumten Arbeitsplatz (nicht mehr als zwei „sachfremde" Dinge).	Hinweis: Arbeitsplatz aufräumen, bevor die Arbeit beginnt. Es dürfen außer Mäppchen und Heft nur zwei Dinge auf dem Tisch liegen (abzählen).
Mündliche Mitarbeit:	Peter meldet sich in Sprache und Mathe fast nie von allein. In SU beteiligt er sich manchmal.	Peter nimmt sich vor, sich in jeder Stunde 5 Mal zu melden.	Meldeliste für den Schultag, worauf Peter einzeichnet, wenn er sich meldet.
Sprache: Phonologische Bewusstheit	Peter fällt es schwer, die Laute aus Wörtern herauszuhören.	Peter kann Vokale als An- und Endlaute analysieren.	Aufgaben zur Phonem-Graphem-Korrespondenz: An- und Endlauttraining

Vereinbarungen mit dem Kind	Peter nimmt sich vor, selbst auf die Arbeitsanweisungen zu achten. Er füllt täglich einen Meldebogen aus. Peter arbeitet in Sprache mit, möglichst ohne sich ablenken zu lassen. Sollte er das zwischendurch vergessen, bekommt er eine Erinnerungskarte auf den Tisch.
Vereinbarungen mit der Mutter	Die Mutter achtet auch im häuslichen Umfeld auf einen aufgeräumten Arbeitsplatz.
Vereinbarungen im Team	Alle Kollegen achten auf das Wiederholen der Arbeitsanweisungen, das Aufräumen des Tisches und das Führen der Meldeliste. Alle nehmen Peter so oft wie möglich dran, wenn er sich meldet.
Außerschulische Maßnahmen	–

Förderplan Lesen

Förderplan für: Karsten P, 3. Schuljahr **erstellt von:** B. Schmidt in Zusammenarbeit mit K.

Zeitraum: 2. Halbjahr des Schuljahres

Fachaspekt: Lesen	Ausgangslage	Förderziel	Angebote
Motivation (Leseinteresse und Erfolgszuversicht)	K. mag spannende Texte. Er versucht, kleine Textabschnitte selbst zu lesen, bricht dies aber nach ca. 5 Wörtern ab. K. möchte nach eigenen Aussagen lesen lernen.	Leseinteresse durch Erfolgszuversicht stärken. K. sollte den aktuellen Stand seiner Leseentwicklung kennen und reflektieren.	Fortschritte deutlich machen (z. B. in Texten Wörter markieren lassen, die K. automatisiert lesen kann, diese Wörter zählen: „Werden es mehr?"). Hinweise zur Leseentwicklung mit K. besprechen (s. Leseampel, S. 89).
Leseorganisation	K. kann sich auf der Leseseite orientieren, aber er überspringt Wörter, verliert die Zeilen und dadurch den Überblick.	Strategien zur Übersicht weiter festigen.	Hinweise zur Selbstinstruktion geben: „Ich nehme mir Zeit beim Lesen/Ich beginne jedes Wort mit dem 1. Buchstaben./Ich lasse den Finger mitwandern. An das kontinuierliche Wort für Wort lesen immer wieder erinnern.
Lesen auf Silben- und Wortebene	K. synthetisiert einfache Konsonant-Vokal-Verbindungen bzw. VK-Verbindungen. K. liest häufig wiederkehrende Wörter ganzheitlich.	Synthesefähigkeit ausbauen und die Zahl der automatisiert zur Verfügung stehenden Schlüsselwörter erweitern.	Silben- und Wortlesen üben, zunehmend Wörter mit Konsonantencluster einbeziehen (am Wortanfang: **tr/kl** bzw. am Wortende: **ng/tz**). Blitzlesen, Lesekartei zum Grundwortschatz, Schlüsselwörter im Text markieren. Syntheseübungen, Wörter mit mehrgliedrigen Graphemen

Lesen auf Satz- und Textebene	K. liest die ersten Wörter eines Satzes oft noch korrekt, verliert dann oft den Überblick und Sinnzusammenhang.	Einfache Sätze zunehmend sicher lesen, dabei den Sinn verstehen.	Texte lesetechnisch vereinfachen (Wörter mit wenig Konsonantenhäufungen/kurze Sätze/große Schriftgröße/Zeilenumbruch nach Sinneinheiten), Textentlastung nutzen (Bilder zum Text/Überschriften klären/zu Vermutungen zum Inhalt anregen/Vorinformationen geben/Schlüsselwörter lesen).
Vereinbarungen mit dem Kind	K. sucht sich aus der Lesemappe zweimal wöchentlich eine Geschichte aus. Darin markiert er Abschnitte, die zu Hause liest. Anschließend berichtet er seiner Mutter, was er von dem Gelesenen verstanden hat.		
Vereinbarungen mit den Eltern	K.'s Mutter liest ihm anschließend die gesamte Geschichte vor.		

6 Förderung umsetzen

Angebote zur Förderung und Unterstützung können Sie auf verschiedenen unterrichtlichen Ebenen machen.

▶ **Fördern kann realisiert werden durch:**
die ausgewählten Inhalte
die Methoden
die Medien
Formen der Differenzierung
Setting und Lernarrangement
Arbeits- und Sozialformen
unterstützende Angebote
Interaktionen der Lehrperson ◀

Grundsätzlich gilt: Förderung findet nicht im luftleeren Raum statt, sondern ist sinngebend an einen Inhalt oder ein Thema gebunden.

Die Förderung der Sensomotorik ist also nicht losgelöst und separiert vom übrigen Unterricht, sondern die „Mitmachgeschichten" (vgl. Kapitel 4.2) sind thematisch angebunden: an das Tier, das gerade im Sachunterricht besprochen wird; an die Figur, die aus Lesetexten bekannt ist, an eine Handlung, die den Kindern vertraut ist.

Die Förderung der Aufmerksamkeit und Konzentration ist ritualisiert vor das Schreiben von Lernzielkontrollen gestellt, damit die Kinder einen Sinnzusammenhang zwischen den Übungen und dem sich anschließenden (konzentrierten) Tun herstellen können.

6.1 Organisation

Die Organisation der Förderung kann auf vielfältige Art und Weise geschehen:
- **lerngruppenimmanente Förderung:** Ein bestimmter Inhalt kann als Rahmenthema für die Lerngruppe gleich sein, dennoch lassen sich durch Differenzierung unterschiedliche Lernziele verfolgen. Der Leitge-

danke hierzu lautet: Obwohl alle Kinder an einem Thema arbeiten, machen nicht alle Kinder zu jeder Zeit dasselbe. Es findet Differenzierung auf unterschiedlichen Ebenen statt:

in Gruppenarbeit	in Partnerarbeit		in Einzelarbeit
als qualitative Differenzierung	als methodische Differenzierung	als mengenmäßige Differenzierung	als freigestellte Differenzierung
z. B. durch das Angebot leichterer oder schwererer Aufgaben, durch das Angebot von Aufgaben mit höherem oder niedrigerem Abstraktionsniveau	z. B. durch das Angebot unterschiedlicher Medien und Hilfsmittel; durch das Angebot von reduzierter oder verstärkter Lehrerhilfe	z. B. durch das Angebot von unterschiedlich langen Lesetexten zu einem Thema oder weniger oder mehr Mathematikaufgaben, die in einer bestimmten Zeit zu erledigen sind	z. B. durch das Angebot von Arbeit nach Wahl; freier Arbeit; Interessengruppen; Projektgruppen

Oft hört man in diesem Zusammenhang die Meinung, dass Formen der Differenzierung so diskret geschehen sollen, dass die Kinder nicht merken, dass es unterschiedliche Aufgabengruppen gibt. Abgesehen von der Frage, ob dies überhaupt möglich ist, geht es um die prinzipielle Entscheidung, Kindern sehr wohl ehrlich zu benennen, wo sie im Lernprozess stehen und zu welcher Differenzierungsgruppe sie gehören. Nur dann können sie sich auch individuelle Ziele setzen, um sich weiterzuentwickeln und Hilfen dazu einfordern bzw. annehmen.

Manche wollen auch erst die leichten Aufgaben machen, um sich dann doch an den schwierigeren zu versuchen. Oder sie überschätzen sich regelmäßig und erkennen dann, dass erst das Bearbeiten der leichteren Aufgaben und das Annehmen von Hilfen bzw. das weitere Üben zu einem höheren Schwierigkeitsgrad führen kann. Unsere pädagogische Aufgabe ist es in diesem Zusammenhang, Selbstbewusstsein zu stärken, indem klar ist, jeder kann etwas anderes gut.

- **individualisierter Förderunterricht:** Es wird nicht an einem gemeinsamen Thema gearbeitet, sondern jedes Kind erhält ein Angebot gemäß seinem individuellen Förderbedarf.

- **fachbezogenem Förderunterricht/Lernstudios:** Es wird zu einem bestimmten Förderaspekt – unter dem die Lerngruppe (klassenübergreifend) zusammengesetzt wurde – gearbeitet. Es stehen für alle Kinder beispielsweise Angebote zur Förderung der Sensomotorik oder zur Förderung der Rechtschreibung bereit.

6.2 Förder- und Unterstützungsangebote

Förder- und Unterstützungsangebote können für die gesamte Lerngruppe oder für ein einzelnes Kind arrangiert sein. Sie beziehen sich
- auf die allgemeine Unterrichtsorganisation
- auf die Entwicklungsbereiche
- auf die Anforderungen der Fächer

Umsetzung im Unterricht

Die Organisation und Gestaltung des Raums sowie des gesamten Settings bilden die maßgebliche Grundlage für eine fördernde Lernumgebung. Nachfolgend finden Sie einige Ideen:
- Ich achte auf **geeignete Sitzplätze**: adäquate Sitzhöhe, Füße sollten auf keinen Fall in der Luft baumeln. In bestimmten Arbeitsphasen weise ich einen **ungestörten Sitzplatz** zu: Einzeltisch, so gestaltet, dass Reize reduziert sind. Ich achte auf die **Blickrichtung** des Schülers: gerader Blick zur Tafel, wenig ablenkende Reize im Blickfeld.
- Ich beachte wichtige Prinzipien der **Klassenraumgestaltung**: z.B. durch Einrichtung verschiedener Arbeits- und Funktionsecken, durch Ruhezonen, durch konstante Ordnungsprinzipien (Arbeitsaufgaben und Kontrollblätter liegen an bestimmten Stellen aus; Behälter für Scheren, Stifte, Klebstoff sind mit prägnanten Etiketten gekennzeichnet).
- Ich treffe mit den Kindern **konkrete Zeitabsprachen**, in denen sie arbeiten: Zeiten allmählich steigern und z.B. in einem Portfolio festhalten.

Ideenpool für die Entwicklungsbereiche

Folgende Angebote helfen dabei, sich ein Interventions- und Unterstützungsrepertoire für die einzelnen Entwicklungsbereiche anzueignen. Darüber hinaus kann es notwendig sein, sich in einzelnen Bereichen differenziert fachkundig zu machen und im Falle besonderer Schwierigkeiten geeignete Konzepte hinzuzuziehen.

Sensomotorik (vgl. auch LUCKFIEL/BRAUN 2004, 76–79)

- Ich unterstütze das Kind dabei, sich deutlicher zu spüren (**basale Wahrnehmung: taktil, vestibulär, kinästhetisch**). Dazu eignen sich:
- Mitmach- und Streichelgeschichten, die thematisch an die jeweiligen Unterrichtsinhalte angelehnt sein und auch von den Kindern fortgeschrieben werden können,
- Klopfmassagen oder Massagen mit einem Igelball (übernimmt auch gerne ein anderes Kind),
- Balancieren über aufgeklebte Tessakrepplinie, dabei z.b. rückwärts zählen oder eine Einmaleins-Reihe aufsagen oder ein langes Wort buchstabieren,
- Übungen auf dem Rollbrett oder dem Balancierkreisel,
- Sitzen auf dem Sitzball (*Achtung bei taktil bzw. vestibulär überempfindlichen Kindern*),
- Ich unterstütze den **Aufbau eines adäquaten Muskeltonus** durch gezielte Übungen zum An- und Entspannen von Körperteilen: z.B. der Hände oder des ganzen Köpers, durch Sitzen auf dem Sitzball. *Achtung bei vestibulärer Überempfindlichkeit!*
- Ich fördere die **Halte-, Stell- und Gleichgewichtsreaktionen**; z.B. indem die Kinder verschiedene Sitzpositionen einnehmen („verrückte Sitzpositionen auf dem Stuhl") oder Aufgaben im Stehen oder im Liegen bearbeiten.
- Ich unterstütze die **Augenmuskelkontrolle** durch Kräftigung der Nackenmuskulatur (mit dem Kopf Buchstaben oder Kreise, Dreiecke etc. in die Luft „schreiben" lassen); durch Fixieren und Verfolgen von Gegenständen ohne Kopfbewegungen (z.B. den Bewegungen eines „Zauberstabes" folgen, einen Klebepunkt auf einen großen Ball kleben, diesen durch die Klasse rollen: Wie oft ist der Punkt zu sehen?).
- Ich biete Spiele zur Förderung des **Körperschemas** an: „das bewegte ABC" (S. 78ff.) „Mein rechter rechter Platz ist frei …".
- Ich rege zu Bewegungen an, die das **Überkreuzen der Körpermittellinie** evozieren: Mitmach- und Streichelgeschichten, beidhändiges Malen nach Musik, Klatschspiele.
- Ich fördere die **Bilateralintegration** durch beidseitige großflächige Übungen: z.B. beidhändiges Malen nach Musik, Übungen wie „Engel im Schnee", beidseitiges Armkreisen.
- Ich gebe **Hilfen bei der Informationsaufnahme und -verarbeitung**, indem ich nur eine Anweisung oder einen Auftrag auf einmal gebe und sprachliche Anteile zugunsten optischer und akustischer Signale reduziere.

- Ich rege bei den Eltern eine Ergotherapie an – aber auch, dass sie ihre Kinder im Schwimmkurs anmelden, zu Hause Fahrrad fahren lernen.

Kognition

- Ich wähle Inhalte, die **problemlösendes Denken** evozieren: Rätselaufgaben, Knobelaufgaben, Reizwortgeschichten mit ungewöhnlichen Kombinationen, Kriminalgeschichten, naturwissenschaftliche Phänomene.
- Ich unterstütze weiterhin das **kreative Denken** durch geeignete Methoden wie Brainstorming, Mindmapping, freies Assoziieren.
- Ich unterstütze die **Informationsaufnahme** durch Visualisierungen des Besprochenen (Piktogramme, Schaubilder, Merkkarten). Wiederkehrende Piktogramme und Bilddarstellungen fördern gleichzeitig das **Symbolverständnis**. *Achtung: prägnante, klare Darstellungen verwenden und Reizüberflutung vermeiden.*
- Ich helfe bei der Entwicklung **hilfreicher Routinen**, die ein Kind benötigt, um komplexe Denkaufgaben zu bewältigen. Hilfreiche Routinen sind z. B. Beschaffen von Arbeitsmaterialien nach einer Materialliste, Markieren von Schlüsselwörtern in einem Text, Nachschlagen in einem Wörterbuch, Befolgen eines Arbeitsplanes.
- Ich unterstütze die **Strukturierungsfähigkeit**, indem ich einen Überblick über den Gesamtzusammenhang gebe, bevor Details vermittelt oder bearbeitet werden. Diese Übersichten kann ich zunächst vorgeben und allmählich mit der Lerngruppe erarbeiten (z. B. in Form von Mindmaps, bebilderten Lernlandkarten, Plakaten mit themenbezogenen Leitfragen etc.). *Sinnvoll ist es, diese Darstellungen möglichst während der gesamten Unterrichtsreihe im Klassenraum hängen zu haben oder zumindest für die jeweilige Unterrichtseinheit zu präsentieren.*
- Ich fördere die **Integration in bestehende kognitive Konstrukte**, in dem ich an bereits Bekanntes anknüpfe (Vorwissen durch eine Mindmap ermitteln, Beispiele aus dem Erfahrungsbereich der Kinder).
- Ich arbeite gezielt mit der **Vorstellungskraft**, indem ich Analogien, Anschauungsbeispiele und Problemstellungen verwende, die aus der Erfahrungswelt der Schülerinnen und Schüler stammen.
- Ich baue **Wissensnetzwerke** auf, indem ich mehrere Zugangsweisen zu einem Inhalt ermögliche, gleichzeitig aber immer deutlich mache, an welcher Stelle der Betrachtung wir uns befinden (Strukturierungsfähigkeit).
- Ich gebe dem Kind **Assoziationshilfen** durch vorgegebene Satzanfänge, durch Wortlisten, durch aussagekräftige Bilder.

- Ich bahne Denk- und Erkenntniswege durch **kognitives Modellieren** an, indem ich demonstriere, wie ich ein Problem löse: Ich formuliere das Problem, stelle laut Fragen an mich selbst, denke laut und entwickle dabei Lösungsstrategien. Die Kinder werden dann angeregt, dies an anderen Beispielen auszuprobieren.
- Ich rege die Kinder zu **lautem Denken** an. *Auch dies muss ich einige Male vormachen.*
- Ich rege zu **flexiblem Denken** an, indem ich die Kinder eigene Anschauungsbeispiele zu vorgegebenen Sachverhalten suchen lasse, eigene problemorientierte Fragen formulieren lasse und gemeinsam mit ihnen nach Wegen zu deren Beantwortung suche.
- Ich schaffe eine geeignete Lernatmosphäre, damit die Kinder in einen **schöpferischen Denkfluss** hineinkommen können (u. a. durch ausreichend Zeit; durch die Möglichkeit des gezielten Platz- und Perspektivwechsels, z. B. bäuchlings auf dem Boden oder Auf- und Abwandern im Nebenraum; durch vielseitig zu verwendende Materialien; evtl. durch leise Musik, die den Gedanken freies „Umherwandern" ermöglicht, durch Assoziationshilfen in Form von Accessoires).
- Ich unterstütze die **Automatisierung kognitiver Fertigkeiten**, indem ich vielfältige und sinnvolle Übungsformen anbiete. Dabei ist zu beachten, dass ein tägliches Fünf-Minuten-Training mehr bringt als ein einmaliges stundenlanges Üben. Geeignete Übungsformen sind Aufgaben zum schnellen Assoziieren: Wenn z. B. das Einmaleins verstanden wurde, aber noch nicht automatisiert abrufbar ist. Außerdem: sogenanntes Blitzlesen mit Wortkarten, Dosendiktate, Quizfragen, die auf den Unterrichtsinhalt abgestimmt sind.
- Ich unterstütze kognitive Prozesse durch **bewegtes Sitzen**: z. B. auf dem Stuhl knien, sich rittlings hinsetzen; als Spiel zwischendurch: „verrückte" Sitzpositionen ausprobieren lassen, auf einem Sitzball oder luftgefüllten Sitzkissen sitzen, andere Sitzgelegenheiten in der Klasse bereitstellen, Aufgaben im Liegen bearbeiten lassen. *Kinder mit einer geringen Muskelspannung benötigen viel Energie, eine aufrechte Sitzposition einzuhalten, diese Energie fehlt bei der Konzentration auf andere Tätigkeiten.*
- Ich leite die Kinder zur **Metakognition** an (Nachdenken über das Lernen und die eigenen Denkvorgänge), durch Reflexionsbögen, Strategien des systematischen Vorgehens, Selbstbeobachtung. *Übrigens vergleichen die Kinder selbst sehr gern, was sich bei einer Wiederholung des Fragebogens verändert hat. Dies bietet wiederum eine gute Grundlage für Planungsgespräche im Hinblick auf die Förderung.*

Metakognition: Lern- und Arbeitsverhalten

- Ich zentriere die Aufmerksamkeit (z. B. vor Phasenwechsel, nach langem Stillsitzen) durch **gezielte Bewegungen** mit anschließendem **Ruheritual** sowie durch geeignete optische und akustische Signale.
- Ich unterstütze das Kind, **sich selbst zu helfen** (z. B. eigenständig einen ruhigen Arbeitsplatz aufzusuchen, „eine Runde Rollbrett fahren", einmal über den Schulhof laufen, jemanden bitten, es mit dem Igelball zu massieren).
- Ich achte auf **Blickkontakt** während meiner Arbeitsanweisungen.
- Ich nutze **metakognitive Strategien** (z. B. Ausfüllen eines Selbstbeobachtungsbogens, S. 85–89, Führen einer Meldeliste, S. 108).
- Ich unterstütze Strategien zum **systematischen Vorgehen** durch Vorgehensweisen der Selbstinstruktion (z. B. S. 107).
- Ich stelle eine **Belohnung** bei erfolgreicher Arbeit in Aussicht. *Dies sollte jedoch nur in Ausnahmefällen geschehen. Sehr erfolgreich kann es sein, den Kindern ein positives Feedback an die Eltern in Aussicht zu stellen.*
- Ich ermutige durch eine **Umstrukturierung der Aufgabenstellung**: z. B. einen Teil der Aufgaben mit einem Klebepunkt markieren und verabreden, dass das Kind nur bis dahin arbeitet. *Manche Kinder fassen dann doch den Mut, weiterzuarbeiten oder holen dies freiwillig nach.*

Sozial-emotionaler Bereich

- Ich gebe durch Rituale Sicherheit und Geborgenheit.
- Ich erarbeite mit den Kindern Klassenregeln und verabrede klare **Konsequenzen** bei unerwünschtem Verhalten.
- Ich unterstütze die **Kommunikation und Interaktion der Kinder untereinander** durch geeignete Methoden (Einführung von Murmelgesprächen, Kreisgespräch, Viereckengespräch etc.).
- Ich wende eine **klare Struktur** bei der Klärung von Konflikten (Streitschlichtung) an.
- Ich schule die **Selbstreflexion** der Kinder (vgl. S. 84 ff.).
- Ich gebe eindeutiges und zeitnahes **Feedback**.
- Ich **stärke das Selbstbewusstsein** (adäquates Lob anstelle von negativem Feedback, Hervorheben der positiven Ansätze, Hervorheben vorhandener Stärken, Vermitteln von Erfolgserlebnissen, Ernennung zum Experten oder Spezialisten für xy, Ernennung zum Helfer oder zum Paten für xy …).
- Ich gebe dem Kind **Unterstützung** durch einen Freund oder eine Freundin. *Dies kann auch bei der Besprechung von Konflikten hilfreich sein.*

- Ich sensibilisiere die Selbstwahrnehmung durch **Spiegeln des Verhaltens**.
- Ich signalisiere durch meine **Körpersprache** Zuwendung und Akzeptanz (bestätigendes Nicken, Zublinzeln, Blickkontakt, Körperkontakt).
- Ich bemühe mich durch rechtzeitiges **Ankündigen des zu Erwartenden oder von Veränderungen** durchschaubar und vorhersagbar zu bleiben.
- Ich erstelle mit dem Kind einen zeitlich klar definierten **Plan**, in dem möglichst genau und konkret erwünschtes Verhalten vereinbart wird. *Günstig ist es, zu Anfang nur ein oder zwei Verhaltensziele zu vereinbaren, dabei möglichst Konsens mit dem Kind zu erzielen und evtl. die Eltern über den Plan zu informieren.*
- Ich setze ein **Verstärkersystem** zur Verhaltensstabilisierung ein.
- Ich lege ein **Mitteilungsheft** für die Eltern an (auch Fortschritte notieren).
- Ich helfe bei der **Vermittlung** z. B. eines Sportvereins oder einer nachmittäglichen Betreuung.

Selbstinstruktion

1. Ich sehe mir alle Aufgaben genau an.
   alles symbolisch mit einer Lupe betrachten

2. Welche sind leicht für mich?
   einen grünen Klebepunkt aufkleben

3. Wobei brauche ich Hilfe?
   einen roten Klebepunkt aufkleben

4. Ich beginne mit den leichten Aufgaben.
   arbeiten

5. Danach hole ich mir Hilfe.
   fragen

6. Wie viel habe ich geschafft?
   nachzählen

Meldeliste für den Tag		
Name:		Datum:
	Wie oft habe ich mich gemeldet?	
Sprache		
Rechnen		
Sachunterricht		
Religion		

7 Die Eltern als Lernpartner

Eltern sind wichtige Lernpartner. Sie bringen Ideen zur Förderplanung ein und können und müssen die schulische Förderung unterstützen. Neben einer Verpflichtung zur Verantwortungsübernahme haben sie ein Anrecht auf Informationen über Förderangebote und auf Einsicht in den Förderplan.

In jedem Fall ist mit zu bedenken, dass im Falle von Lernschwierigkeiten, aber auch wenn das Kind aus dem Klassendurchschnitt nach oben ausschert, bei den Eltern oftmals Rat- oder sogar Hilflosigkeit herrscht. Sie wollen helfen, wissen aber oft nicht, wie das geschehen soll und was das richtige Maß ist. Diese Ratlosigkeit kann sich allmählich zu einer Problemspirale ausweiten und im schlimmsten Fall zu schwerwiegenden Beziehungsstörungen führen.

Hier ist eine einfühlende Beratung bei gleichzeitiger Fachkompetenz von Bedeutung, indem Sie die Anliegen der Eltern, die Beziehungsdynamik, aber auch die Möglichkeiten der Familie herausfinden müssen, um dieses wiederum mit den unterschiedlichen Bedürfnissen des Kindes in Übereinstimmung zu bringen.

Marcel ist zehn Jahre alt. Seine Mutter liebt ihn sehr. Oft fährt sie ihn zur Schule und begleitet ihn zum Klassenzimmer. Besorgt erkundigt sie sich bei der Lehrerin, ob auch alles in Ordnung sei. Gestern habe er bei den Hausaufgaben geweint. Manches sei einfach zu schwer für ihn. Es sei doch völlig in Ordnung, wenn Marcel leichtere Aufgaben bekäme. Die Lehrerin beruhigt die Mutter und macht den Vorschlag, dass Marcel sich einmal mit Daniel verabreden solle, damit die beiden gemeinsam üben. Die Mutter möchte dies nicht: Daniel sei immer so wild. Da komme Marcel nur auf dumme Gedanken.

Maria besucht die 3. Klasse. Die Eltern sind sehr besorgt um ihr schulisches Weiterkommen. Maria erhält Ergotherapie sowie Sprachtherapie. Außerdem besucht sie einen Schwimmkursus. Die Eltern würden sie auch gern zum Reiten anmelden. Aber dort sind die Wartezeiten zurzeit sehr lang. Als Maria eine Drei in der Mathematikarbeit schreibt, strahlt sie über das ganze Gesicht. Am nächsten Tag kommt sie traurig in die Schule. Ihre Mutter habe gesagt, eine Drei sei nicht in Ordnung. Maria solle sich mehr Mühe geben.

7.1 Akzeptieren – Fordern und Fördern

Die oben beschriebenen Situationen lassen sich vor dem Hintergrund folgender erzieherischer Grundhaltung analysieren: Akzeptieren – Fordern und Fördern müssen in ausgewogener Balance zueinander stehen. Marcels Mutter zeigt sehr viel Akzeptanz; jedoch scheint es aus Überbesorgnis am richtigen Maß von Fordern und Fördern zu fehlen. Maria erhält sehr viel Förderung, sie wird auch viel gefordert, aber es fehlt ihr an der notwendigen Akzeptanz.

Besprechen Sie mit den Eltern, ob in der Familie ein zumindest annäherndes Gleichgewicht der einzelnen Aspekte besteht. Dies ist als Grundlage für alle Vereinbarungen über häusliche Förderung zu sehen.

7.2 Vereinbarungen für häusliche Förderung

Vereinbarungen über häusliche Förderung können mit den Eltern im Rahmen eines Förderplangespräches erfolgen. Für eine Gesprächsstruktur dient folgender Protokollbogen als Anregung:

KV *Kinder individuell fördern*

Das Gespräch findet statt am:		
mit:		
Fach- bzw. Entwicklungsbereiche:		
Das wollen wir erreichen:		
Dazu treffen wir folgende Vereinbarungen:		
Das nächste Förderplangespräch findet statt am:		
Das Thema wird sein: Was ist erreicht? Wie geht es weiter?		
Unterschrift:		

Es ist gemeinsam mit den Eltern zu klären: In welchen Bereichen ist Förderung nötig? Wie genau ist der Lernstand in diesen Bereichen? Welche konkreten Ziele sollen in welcher Zeit erreicht werden? Was kann mit den Eltern und dem Kind vereinbart werden?

Die Vereinbarungen sollten die Möglichkeiten der Familien berücksichtigen, wobei davon auszugehen ist, dass jede Familie einen Beitrag leisten kann. So können auch Aktivitäten (mit dem Kind schwimmen gehen oder einmal in der Woche gemeinsam einen Dokumentarfilm anschauen) effizient sein.

Die Vereinbarungen sollten realistisch sein, damit die Beteiligten nicht aus Überforderung resignieren. Ist der Vater z.B. in der Woche beruflich viel unterwegs, kann es günstig sein, Förderzeiten auf das Wochenende zu verlegen.

Die Vereinbarungen sollten möglichst konkret formuliert werden. Dies erleichtert die Umsetzung, aber auch die Selbstüberprüfung:

Also nicht: „Peter soll lesen üben", sondern: „Peter liest seiner Mutter täglich zehn Minuten aus dem Lesebuch vor. Frau M. achtet darauf, ob Peter die Wortendungen vollständig liest."

Die Beratung über häusliche Förderung berücksichtigt folgende Aspekte:

Familiäre Voraussetzungen

Wie ist die Familiensituation?
Wie ist die Beziehung untereinander?
Wer kann unterstützen?
Wer braucht Entlastung?
Was ist realistisch umzusetzen?
Welche sonstigen Hilfen gibt es oder können in naher Zukunft in Anspruch genommen werden?

Inhalte der Förderung

Es können fachliche Inhalte gefördert werden:
- Grundrechenarten/überfliegendes Lesen (Fähigkeiten und Fertigkeiten)
- Rechtschreibregeln/Wissen über Geld (Kenntnisse)
- Interesse an Sachthemen/Freude an Büchern/Zuversicht bei mathematischen Aufgaben (Einstellungen)

Es können aber auch eher entwicklungsbezogene Aspekte gefördert werden, z. B.
- Körperbeherrschung und Körperkoordination beispielsweise durch Aktivitäten wie Schwimmen oder Fahrradfahren (Sensomotorik)
- Regeln des Zusammenlebens (Sozialverhalten)
- situationsbezogenes Äußern von Gefühlen (Emotionalität)
- Arbeitsverhalten, Selbstständigkeit (Kognition)
- Wortschatzerweiterung (Sprache)
- Einander aussprechen lassen (Kommunikation)

Methode

Wie wird gefördert? Neben *allgemeinen Aktivitäten* gibt es *Zusätzliches Lernen* als umfassende Lernaktivität oder *5-Minuten-Übung* als Kurzzeittraining:

Zusätzliches Lernen:
Übungshefte bearbeiten, Lernspiele spielen, Gelerntes vortragen, zu Gelesenem Bilder malen, einen Dokumentarfilm ansehen und Stichworte machen, mit der Lernkartei arbeiten

5-Minuten-Übung:
Kopfrechnen, Wörter mit bestimmten rechtschriftlichen Phänomenen buchstabieren, Frage-und-Antwort-Spiele

Organisation

Wann wird was gemacht? Wer ist für was zuständig? Bei der Regelung organisatorischer Fragen kann beispielsweise nachfolgender Lernplan helfen, der Übersicht, Verbindlichkeit sowie Möglichkeiten der Überprüfung schafft. Der Plan darf jedoch nicht als Instrumentarium zur Reglementierung verstanden werden, denn dies verträgt eine lebendige Familiendynamik überhaupt nicht.

Vorgehen:
In der ersten Zeile werden die betreffende Woche eingetragen und die in dieser Woche geltenden Vorsätze: z. B. jeden Abend zehn Minuten vorlesen, das Buch aus der Bücherei zu Ende lesen, an drei Abenden für die anstehende Mathematikarbeit üben. Dann werden die familiären Eckdaten (Termine, Abendessen, Freiräume) eingetragen. Es folgen die Zeiten für Hausaufgaben, Zusätzliches Lernen, 5-Minuten-Übungen, wobei kein zu dichtes Zeitkorsett entstehen darf. Anschließend werden Zeiten für

mögliche Verabredungen notiert. Einige Felder enthalten den Vermerk, wer verantwortlich ist.

Alle vier Wochen wird besprochen: Was ist erreicht? Was war sinnvoll? Was ist zu ändern? Auch kleine Erfolge zählen!

Lernplan für die Familie

Woche von			bis			
Was wir uns vornehmen:						
	Mo	Di	Mi	Do	Frei	Sa
14	Freizeit	Freizeit	Termin	Freizeit	Hausaufgaben	
15	Hausaufgaben	Hausaufgaben	Hausaufgaben	Freizeit	Verabredungen	
16	Termin			Hausaufgaben	Verabredungen	
17	Termin	Freizeit		Termin		
18	Freizeit	Zusätzliches Lernen	Freizeit	Zimmer aufräumen	Zusätzliches Lernen	
19	Abendessen 5-Minuten-Übung Schultasche packen	Abendessen 5-Minuten-Übung Schultasche packen	Abendessen 5-Minuten-Übung Schultasche packen	Abendessen 5-Minuten-Übung Schultasche packen	Abendessen	
20	Bettzeit	Bettzeit	Bettzeit	Bettzeit	Familienzeit	

8 An der Schule ein eigenes Förderkonzept erstellen

Alle Maßnahmen, die eine Schule zur individuellen Förderung ihrer Schülerinnen und Schüler ergreift, werden im schulinternen Förderkonzept zusammengefasst. Hierzu gehören Überlegungen im Hinblick auf die Diagnostik ebenso wie Entscheidungen zur Förderplanung sowie Absprachen bezüglich der konkreten unterrichtlichen Umsetzung. Das schuleigene Förderkonzept ist prozessorientiert angelegt und bedarf der regelmäßigen Evaluation und Fortschreibung.

Dabei ist zu beachten, dass ein Konzept auf den administrativen Vorgaben und den im Kollegium zur Verfügung stehenden Ressourcen basiert. Erstere sind zu berücksichtigen und Letztere sind von den Kolleginnen und Kollegen vor Ort zur Verfügung zu stellen, um eine realistische Umsetzung zu gewährleisten.

Um sich auf den Weg zu einem schuleigenen Förderkonzept zu begeben, ist zunächst eine Bestandsaufnahme notwendig. Denn nur wer sieht, was bereits vorhanden ist, kann sich sinnvolle Ziele geben und Perspektiven für den weiteren Weg entwickeln.

Das nachfolgende Raster kann – auf einen großen Bogen übertragen – beispielsweise bei einer Konferenz deutlich machen, was bereits an der eigenen Schule vorhanden ist. Daraus können sich weitere Schritte ergeben.

Förderung: Was ist an unserer Schule bereits vorhanden?

Schulebene	Stufenebene
fachbezogene Förderung	fachbezogene Förderung
entwicklungsbezogene Förderung	entwicklungsbezogene Förderung
entwicklungsbezogene Förderung	entwicklungsbezogene Förderung
fachbezogene Förderung	fachbezogene Förderung
Klassenebene	**Lerngruppenebene**

8.1 Eckpunkte

Die erstellte Bestandsaufnahme kann als Grundlage für die systematische weitere Bearbeitung genommen werden. Die folgende Übersicht macht die Eckpunkte eines Förderkonzeptes deutlich. Die darin gestellten Fragen sind von Schule zu Schule unterschiedlich zu beantworten.

Übersicht über die Eckpunkte unseres Förderkonzeptes

Welche Leitidee haben wir?

Sachstruktureller Bereich
- Welche (förder-)diagnostischen Verfahren wenden wir an?
- Welche Prinzipien gelten für den Förderplan? Welche Dokumentationsform nehmen wir?
- Welche Prinzipien der Förderung gelten? Wie wird die Förderung umgesetzt?
- Wie evaluieren wir den Erfolg der Förderung?

Inhaltlicher Bereich
- In welchen Fächern fördern wir (z.B. Sprache/Mathematik)?
- Welche Entwicklungsbereiche fördern wir (z.B. Wahrnehmung, Motorik, Lern- und Arbeitsverhalten, sozial-emotionaler Bereich, Kommunikation)?
- Welche Schwerpunkte/Inhalte/Methoden/Medien nutzen wir?

Unser Förderkonzept

Kooperativer Bereich
- Wer ist Experte für ...?
- Wer arbeitet sich in welchen Bereich ein ...?
- Welche Fortbildungen brauchen wir?
- Wie wird der Austausch von Materialien organisiert?
- Wie können wir die Eltern als Lernpartner einbeziehen?
- Welche Lernpartnerschaften gibt es sonst noch?

Organisatorischer Bereich
- Wie organisieren wir die Schuleingangsdiagnostik?
- Welche Fördergruppen bilden wir auf Schulebene/Stufenebene/Klassen- bzw. Lerngruppenebene?
- Wie organisieren wir die Förderung zeitlich?
- Wie erfolgt die Zuordnung zu Fördergruppen?

Konkrete Umsetzung: Wer macht was bis wann?

8.2 Abstimmung

Ein Konzept ist erst dann tragfähig, wenn es auch konsensfähig ist. Dazu bedarf es einer Vereinbarung der Kolleginnen und Kollegen. Eine Vereinbarung kann im Rahmen einer Gesamtkonferenz geschehen, wobei es günstig ist, eine Vorstrukturierung durch die Schulleitung oder Steuergruppe vorzunehmen, dies kann aber auch als Ergebnis einer Fortbildung mit anschließender Beschlussfassung erfolgen. Wichtig ist dabei folgender Gedanke:

Konsens bedeutet Einigung und umfasst somit eine Selbstverpflichtung über die Einzelmeinung hinaus. Es bedeutet aber auch angemessene Spielräume für individuelles Vorgehen. Damit eine gute Mischung aus vorgegebener Struktur und individueller Freiheit gewährleistet ist, bedarf es einer regelmäßigen Selbstbesinnung und Reflexion des gesamten Kollegiums. Diese kann umso effektiver geschehen, je offener und vertrauensvoller die Kommunikation innerhalb eines Kollegiums ist.

Nachstehend finden sich Anregungen für die Abstimmung eines schulischen Förderkonzeptes. Diese berücksichtigen die bereits genannten Eckpunkte:
- Leitidee
- sachstruktureller Bereich der Förderung
- inhaltlicher Bereich der Förderung
- kooperativer Bereich der Förderung
- organisatorischer Bereich der Förderung
- konkrete Umsetzung

Arbeitsanregung
Die Anregungen sind exemplarisch zu verstehen. Sie können und müssen von jedem Kollegium ergänzt oder modifiziert werden.

Anregung für eine Leitidee

▶ Das Ziel unserer Schule ist die umfassende und gezielte Förderung jeder Schülerin und jeden Schülers unter Berücksichtigung der jeweiligen individuellen Möglichkeiten. ◀

Dabei orientieren wir uns am heute gültigen Lernbegriff, der Lernen als einen individuellen und eigentätigen Prozess ansieht.

8.2 Abstimmung

Deshalb verstehen wir Lehrerinnen und Lehrer der Schule ⎯⎯⎯⎯⎯ uns auch als Lernbegleiter, deren wichtigste Aufgabe darin besteht, jedes Kind in seiner Einzigartigkeit anzuerkennen und es unter Beachtung seiner individuellen Möglichkeiten umfassend und gezielt zu fördern. Um dieser Aufgabe gerecht zu werden, beziehen wir auch die Kinder selber, die Eltern und weitere Lernpartner in die Förderplanung und Umsetzung mit ein.

Bereits bei der Einschulung erfolgt eine individuelle Ermittlung der Lernvoraussetzungen der künftigen Schülerinnen und Schüler unter verschiedenen Aspekten, aber insbesondere unter den Aspekten der Wahrnehmung und Motorik sowie des Sozialverhaltens. Weiterhin ermöglichen wir individuelles Lernen durch folgende Unterrichtsformen: *Freiarbeit, Wochenplanarbeit, Stationsverfahren, Werkstattunterricht ...*

Arbeitsanregung
Diskutieren Sie in 4er-Gruppen die vorgestellte Leitidee und bearbeiten Sie folgende Fragen:
Was findet unsere Zustimmung?
Was wollen wir verändern, was ergänzen?
Die Ergebnisse werden im Plenum gesammelt und dann abgeglichen.

Sachstrukturen
Anregungen für die Diagnostik
Unsere Schule wendet folgende förderdiagnostische Verfahren an:
- **Sensomotorik**

Die Abenteuer der kleinen Hexe (SCHÖNRADE/PÜTZ 2003)
Beobachtungsbogen zur Wahrnehmung und Motorik (S. 74 ff.)
- **Sozialverhalten**

Beobachtungsbogen zum sozialen Verhalten (S. 71)
- **Deutsch**

Rundgang durch Hörhausen (MARTSCHINKE/KIRSCHHOCK/FRANK 2002)
Hamburger Schreibprobe (MAY 2002)
Münsteraner Screening (MANNHAUPT 2006)
Lesebeobachtungsbogen (S. 61 ff.)
- **Mathematik**

Kalkulie Diagnose- und Trainingsprogramm für rechenschwache Kinder (FRITZ/GERLACH/RICKEN 2006)

Arbeitsanregung
Hier ist verbindlich zu klären: Wer hat weitere Ideen? Worauf einigen wir uns?

Anregungen für die Förderplanung

- **Dokumentationsform**

Wir arbeiten mit folgender Dokumentationsform ... (s. Vorschlag, S. 125).

- **Dialogisches Prinzip**

Die Schülerinnen und Schüler und Eltern werden an der Förderplanung beteiligt.
Dazu führen wir zu folgenden Zeitpunkten _____ Förderplangespräche durch (Vorschlag für die Struktur eines Förderplangespräches, S. 122).

- **Evaluation**

Wir evaluieren die Effektivität unserer Förderpläne am _____
(Vorschlag für die Evaluation, S. 121)

Arbeitsanregung
Hier ist verbindlich zu klären: Was ergänzen wir? Worauf einigen wir uns?

Förderplanarbeit evaluieren

Kriterium	Was hat sich bewährt?	Was kann weiterentwickelt werden?
Wir als Kollegium verfügen über eine einheitliche Vorstellung über Förderplanung.		
Es gibt in unserem Kollegium „Experten" für bestimmte Förderaspekte.		
Wir als Kollegium organisieren uns so, dass die Förderangebote effektiv gestaltet sind.		
Meine FP erfassen die Entwicklungsbereiche und die fachlichen Fähigkeiten meiner Schülerinnen und Schüler.		
Ich fühle mich fachlich gut versiert, den fach- und entwicklungsbezogenen Lernstand der Kinder angemessen einzuschätzen.		
Mir stehen genügend Erhebungsmaterialien zur Erfassung o. g. Aspekte zur Verfügung.		
Meine FP sind dialogisch erstellt, d.h., meine Schülerinnen und Schüler sind an der Förderplanung aktiv beteiligt.		
Meine FP sind stärken- und problemorientiert, d.h., ich fördere auch das, was ein Kind schon gut kann.		

Kriterium	Was hat sich bewährt?	Was kann weiterentwickelt werden?
Meine FP nehmen die 2–3 Aspekte in den Fokus, welche aktuell am bedeutsamsten für den Lernzuwachs eines Kindes sind.		
Ich kann die individuelle Diagnose der Kinder in eine gruppenbezogene Förderung umsetzen.		
Meine Förderangebote sind so ausgewählt, dass sie realistisch (in Bezug auf Zeit, Raum und Schüleranzahl) durchzuführen sind.		
Meine FP sind für die Kollegen, Eltern, Kinder nachvollziehbar und werden für Gespräche genutzt.		
Ich erinnere mich im Alltag an die Inhalte der FP meiner Schülerinnen und Schüler.		
Meine FP sind ökonomisch in Erarbeitung und Fortschreibung, d. h., die aufgewendete Arbeit steht im guten Verhältnis zum Ertrag.		

Inhalt

Förderung auf Schulebene
Sensomotorische Förderung, Lese-Rechtschreibförderung, Dyskalkulie, Teilnahme an Wettbewerben.
Phasenweise werden folgende Themenschwerpunkte besonders in den Blick genommen. Dies geschieht dann für alle Kinder als *„Tag der Bewegung", „Von Weihnachten bis Karneval: Gemeinsam sind wir wer...", „Fit fürs Lernen lernen in vier Wochen ..."*
Arbeitsanregung
Hier ist verbindlich zu klären: Wer hat weitere Ideen? Wer kann was anbieten?

Förderung auf Stufenebene
Förderung der phonologischen Bewusstheit, Förderung der Methodenkompetenz, Sprachförderung, Erweiterung der Lesekompetenz, Workshop: Kreatives Schreiben, Denk- und Knobelaufgaben im Mathematikunterricht, Wettbewerbe z.B. im Musik- oder Sachunterricht ...
Arbeitsanregung
Hier ist verbindlich zu klären: Wer hat weitere Ideen? Wer kann was anbieten?

Förderung auf Klassenebene bzw. Lerngruppenebene
Fachbezogene Förderung: s. Beispiele auf Stufenebene, außerdem: Rechtschreibleistung aufgrund der Erkenntnisse der Hamburger Schreibprobe. Entwicklungsbezogene Förderung: Kommunikation, Kooperation, Methodenlernen, Bewegung
Arbeitsanregung
Hier ist verbindlich zu klären: Wer hat weitere Ideen? Wer kann was anbieten?

Organisation

Die schulische Organisation kann mithilfe folgender Fragen geklärt werden:
- Wie sieht die Stundenplangestaltung aus?
- Wie viele Förderstunden sind vorgesehen?
- Wo liegen die Förderstunden im Stundenplan?
- Wie viele Fördergruppen gibt es?
- Welche Kinder? Welcher Inhalt?

- Worauf einigen wir uns verbindlich klassenübergreifend (wenn nicht sofort, dann Verantwortlichen bestimmen)?
- Wer macht was?
- Sonstiges

Kooperation

Nutzung von Synergieeffekten
Eine Arbeitsgrundlage unseres Kollegiums ist der regelmäßige Austausch von Erfahrungen, Kompetenzen, Materialien. Dadurch nutzen wir unsere Ressourcen gewinnbringend und bündeln unsere Kräfte ökonomisch. Um dies gewährleisten und planen zu können, vereinbaren wir langfristig Teamtreffen:
Weiterhin arbeiten wir mit folgenden Partnerschaften zusammen _____ (z.B.: Eltern, Jugendkunstschule, logopädischen Praxen)

Planungsbogen zur Weiterarbeit am Thema Förderplanung

Teamzusammensetzung
Unser Team:

Inhalt
Unser Förderschwerpunkt:

Organisations- und Planungstreffen
Wir treffen uns zum 1. Mal am:

Ermittlung vorhandene Kompetenzen
Wir kennen bereits folgende Aspekte:

Vorhandene Ressourcen
Wir haben bereits folgende Literatur bzw. Materialien:

Arbeitsteilige Kompetenzerweiterung
Es arbeitet sich in folgende Aspekte ein (Name und Aspekt eintragen):

Termine
Weitere Treffen sind:

Ergebnisse
Diese könnten als Handout für alle vorgestellt werden:
- kurze Begriffsbestimmung und -erläuterung
- Literatur recherchieren und in einer Liste für alle veröffentlichen
- Bausteine (einzelne Aspekte) z. B. in einer Mindmap darstellen
- ausgewählte praktische Beispiele für die Förderung angeben
- ausgewählte Materialien für die Förderung angeben

Eigene Ideen und Ergänzungen zu diesem Plan sind:

Literatur

Grundlagenliteratur

BEGEMANN, E. (1996): Zum Begriff und Phänomen Lernen. Vom Lehren zum Selbstlernen. In: EBERWEIN, H. (Hrsg.): Handbuch Lernen und Lern-Behinderungen. Weinheim und Basel: Beltz

BRAUN, D. / SCHMISCHKE, J. (2006): Mit Störungen umgehen. Berlin: Cornelsen Scriptor

CHRISTIANI, R.: (2004) (Hrsg.): Auch die leistungsstarken Kinder fördern. 2. Aufl. Berlin: Cornelsen Scriptor

REICH, E. (2005): Denken und Lernen. Hirnforschung und pädagogische Praxis. Darmstadt: Wissenschaftliche Buchgesellschaft

SCHMISCHKE, J. / BRAUN, D. (2006): Entwicklungsaufgaben im Förderschwerpunkt Lernen. In: Zeitschrift für Heilpädagogik 57 (2006), 344–350

SCHUMACHER, J.: (2003) Planen mit Gewinn – Wem nützen individuelle Förderpläne? In: VdS Mitteilungen 2/2003, 15–26

SPITZER, M. (2002): Lernen. Gehirnforschung und die Schule des Lebens. Heidelberg, Berlin: Spektrum Akademischer Verlag

SPITZER, M. (2006): Wie lernt das Gehirn? Amtsblatt des Ministeriums für Schule und Weiterbildung. Schule NRW 11/06

STERN, E. (2006): Lernen. Was wissen wir über erfolgreiches Lernen in der Schule? In: PÄDAGOGIK 1/2006, 45–49

Sensomotorik

KESPER, G. / HOTTINGER, C. (1994): Motothérapie bei Sensorischen Integrationsstörungen. München, Basel: Ernst Reinhardt

KESPER, G. (2002) (Hrsg.): Sensorische Integration und Lernen. München, Basel: Ernst Reinhardt

LUCKFIEL, H. / BRAUN, D. (2005): Förderdiagnostik: Wahrnehmung, Motorik, Verhalten. In: Christiani R. (Hrsg.): Schuleingangsphase neu gestalten. 3. Aufl. Berlin: Cornelsen Scriptor

SCHÖNRADE, S. / PÜTZ, G. (2003): Die Abenteuer der kleinen Hexe. Dortmund: Borgmann Verlag

Deutsch

FORSTER, M. / MARTSCHINKE, S. (2003): Leichter lesen und schreiben lernen mit der Hexe Susi. Übungen und Spiele zur Förderung der phonologischen Bewusstheit. Donauwörth: Auer

KRETSCHMANN, R./DOBRINDT, Y./ BEHRING, K.: (1998) Prozessdiagnose der Schriftsprachkompetenz in den Schuljahren 1 und 2. Horneburg: Persen

MANNHAUPT, G. (2006): Münsteraner Screening zur Früherkennung von Lese-Rechtschreibschwierigkeiten. Berlin: Cornelsen

MARTSCHINKE, S./ KIRSCHHOCK, E./ FRANK, A. (2002): Der Rundgang durch Hörhausen. Erhebungsverfahren zur phonologischen Bewusstheit. Donauwörth: Auer

MAY, P.: (2002) Hamburger Schreibprobe. Hamburg: Verlag für Pädagogische Medien

Mathematik

FRITZ, A. / GERLACH, M. / RICKEN, G. (2006): Kalkulie. Diagnose- und Trainingsprogramm für rechenschwache Kinder. Berlin: Cornelsen

LORENZ, J. (2003): Lernschwache Rechner fördern. Berlin: Cornelsen Scriptor

RASCH, R. (2003): 42 Denk- und Sachaufgaben. Wie Kinder mathematische Aufgaben lösen und diskutieren. Seelze-Velber: Kallmeyer Verlag

SPIEGEL, H. / SELTER CHR. (2003): Kinder & Mathematik. Was Erwachsene wissen sollten. Seelze-Velber: Kallmeyer

SUNDERMANN, B. /SELTER CHR. (2006): Beurteilen und Fördern im Mathematikunterricht. Berlin: Cornelsen Scriptor

Materialien

ENGEL, A. (2005): Lernen erleichtern. Diagnose von Lernvoraussetzungen. Individuelle Förderung. Förderbeispiele. Offenburg: Mildenberger

LIEBERTZ, CH: (2000): Das Schatzbuch des ganzheitlichen Lernens. Grundlagen, Methoden und Spiele für eine zukunftsweisende Erziehung. München: Don Bosco

Fitmacher für die Grundschule

Dorothee Braun/
Judith Schmischke

Mit Störungen umgehen
Verhalten verstehen und
beeinflussen - Übungen
und Materialien

112 Seiten mit Abb.,
Paperback
ISBN 978-3-589-05109-0

**Eltern-Kursbuch:
Grundschule**
Kinder fördern,
fordern und erziehen

320 Seiten mit Abb.,
Festeinband
ISBN 978-3-589-22230-8

Schon fertig: und was jetzt?
Sachen zum Weitermachen
von Almuth Bartl

Je 50 Karten mit Illustrationen
von Guido Wandrey

1. Klasse
ISBN 978-3-589-22114-1
2. Klasse
ISBN 978-3-589-22115-8
3. Klasse
ISBN 978-3-589-22117-2
4. Klasse
ISBN 978-3-589-22118-9

*Informieren Sie sich unter der Nummer 0180 12 120 20 (3,9 ct/min. aus dem Festnetz der Dt. Telekom)
oder in unserem Onlineshop: www.cornelsen-shop.de*